汽车基本检测项目实训教程

主　编　金娇荣

副主编　边铁勇

参　编　陈守波　苏森勇　郑智琳

　　　　张黎萍　谢旭青　林　建

　　　　梁华霖　李岩桐　江金华

中南大学出版社
www.csupress.com.cn

图书在版编目(CIP)数据

汽车基本检测项目实训教程/金娇荣主编.
—长沙:中南大学出版社,2016.8
ISBN 978 – 7 – 5487 – 2417 – 9

Ⅰ.汽...Ⅱ.金...Ⅲ.汽车 – 故障检测 – 中等专业教育 – 教材
Ⅳ.U472.9

中国版本图书馆 CIP 数据核字(2016)第 189751 号

汽车基本检测项目实训教程
QICHE JIBEN JIANCE XIANGMU SHIXUN JIAOCHENG

金娇荣　主编

□责任编辑	刘锦伟	
□责任印制	易红卫	
□出版发行	中南大学出版社	
	社址:长沙市麓山南路	邮编:410083
	发行科电话:0731-88876770	传真:0731-88710482
□印　　装	长沙市宏发印刷有限公司	

□开　　本	787×1092　1/16　□印张 11.75　□字数 287 千字	
□版　　次	2016 年 8 月第 1 版　□印次　2016 年 8 月第 1 次印刷	
□书　　号	ISBN 978 – 7 – 5487 – 2417 – 9	
□定　　价	28.00 元	

全国职业教育汽车类"十三五"规划教材编委会

主　任

李东江　王法长

副主任

（按姓氏拼音排序）

邓政洲　　冯月崧　　袁红军　　陆耀良
李晶华　　苏　州　　王国强　　杨立峰
周志伟

委　员

（按姓氏拼音排序）

蔡乙贤　　陈顺强　　陈伟儒　　陈镇亚
成起强　　高　明　　归华君　　何宇漾
柯文远　　赖晓龙　　李春辉　　梁灿基
梁永勤　　梁志伟　　廖毅鸣　　林耀忠
蔺文刚　　刘及时　　刘　宜　　龙文婷
明邦平　　谭光尧　　王建莉　　王一斐
韦　清　　温锦文　　谢岳辉　　徐　振
颜其慧　　张　隽　　张璐嘉　　张淑梅

总序 / Preface

　　汽车后市场风云变幻，打破配件垄断、汽车维修技术信息公开、互联网＋、大众创业万众创兴等对传统汽车后市场业态产生了巨大冲击，传统业态——4S店、一二类综合性维修企业的发展空间备受挤压，利润大幅缩水，甚至面临企业的生存问题；而新兴业态——上门保养，技术上门，快修快保连锁经营，综合维修企业联盟发展，汽车维保线上下单、线下作业等层出不穷但却没有赚到理想的利润，发展前途堪忧。随着制造汽车的原材料、汽车零部件的加工工艺、汽车装配工艺、汽车运行材料等技术的进步，以及道路条件的大幅改善，汽车的故障概率大幅度下降，汽车的可靠性大幅度提高，"汽车不坏了"已经是一个不争的事实；在环保和能源的重重重压之下，新能源汽车，特别是纯电动汽车的市场份额将急剧扩大。因此，过去汽车"以修为主"的时代已经成为历史，"以养代修"的汽车后市场时代已经来临。基于以上现实，在不久的将来，传统业态中的4S店、大型综合性汽车维修企业将面临大批倒闭的困境，汽车后市场的转型升级势在必行；流程化、规范化、标准化、专业化、品牌化、连锁化的汽车专项维修将是汽车后市场的必然发展趋势；汽车后市场对汽车类人才的需求将从单一的"技术技能型人才"向"技能服务型人才"过渡，过去汽修职业教育"以就业为导向"的人才培养模式将面临挑战，毕业生将无业可就，倒逼汽修职业教育人才培养向"以创业、就业为导向"人才培养模式转变，因此，汽修职业教育也必须进行转型升级，从而汽车职业教育也要从人才培养模式、人才培养方案、教学计划、教学大纲、课程建设、师资队伍建设、实训基地建设等方面进行全新规划。

　　职业教育不是为过去的行业培养人才，而是要为未来的行业发展需求储备人才，因此，职业教育要紧跟行业发展，甚至要预判行业未来发展趋势，走在行业发展的前面，千万不能职业教育和行业发展两张皮，我办我的教育，不管行业发展什么事。因此，汽修职业教育一定要研究汽车后市场，一定要贴近汽车后市场，一定要比汽车后市场更懂汽车后市场，要知道汽修职业教育到底应该教什么！到底应该怎么教！到底要教到什么程度！谋定而后动，直击汽修职业教育的痛点。鉴于此，中南大学出版社邀请行业专家参与，组织国内知名汽修职业教育院校教育专家共同剖析汽车后市场发展现状，研究汽车后市场发展趋势，积极探索汽修职业教育人才培养方案和人才培养模式，以满足汽车后市场现实要求和适应未来汽车后市场未来发展需求为出发点，构建全新的汽修与汽服职业教育课程体系，打造全国职业教育汽车类"十三五"规划教材，我相信将对推动我国汽车职业教育的发展，为汽车后市场的发展奠定基础。

李东江

2016 年 6 月

前言 / Foreword

近年来，随着中等职业教育专业课程改革研究的深入发展，专业课程改革亟待改变原有的以学科为主线的课程模式，尝试构建以岗位能力为本位的专业课程新体系，促进职业教育内涵的发展。职成教教研室多次提出要建立汽修专业技能达标标准的设想，给汽修专业的学生提供比较统一的技能标准，从而进一步规范职业技能教学的项目及项目操作的规范性。为满足当前教学改革及教学发展的需求，课题组邀请了行业专家、一线骨干教师等组成教材编写组，根据前期形成的教学指导方案，编写本书，几经修改、论证，付诸成书。本书具有如下特点：

1. 体现"以就业为导向"。本书所有项目全部根据一线维修企业的实际作业项目进行设置，选择维修作业频率较高的项目作为教学项目，以实现"职业教育"与"生产实践"之间的无缝对接，为学生就业奠定基础。

2. 体现"基于工作过程的项目教学"。本书所列项目完全按照汽车维修企业实际作业的工作过程进行提炼，"来自工作过程，又高于工作过程"，尊重维修企业生产实践，但又不是维修作业过程的照搬照抄，既尊重生产实践，又尊重教学规律。

3. 体现"教评融合"。本书每个项目均含有该项目的考核细则，该考核细则既方便学生自评，又方便学生互评，更便于教师对教学效果的评价。

4. 体现"教赛融合，以教促赛，以赛促教"。本书在编写的过程中，把历届国赛、省赛、市赛的竞赛项目也列为实训项目，并把技能大赛的考核标准融入教学评价考核标准，达到"教赛融合"的目的。

5. 体现"养成教育"。本书将作业技术规范、安全环保要求、5S要求、技术标准等全部融入项目作业过程，让学生通过学习养成规范作业、安全作业的良好习惯，变成学生的潜意识，让"学技能"和"养习惯"不再是两张皮。

6.体现"生本课堂"。本书将作业步骤图文并茂地做成标准作业技术规范，学生只要严格执行标准即可完成实训，无需教师反复强调，真正地把课堂交给学生，教师仅仅是导师。

本书由22个教学项目组成，具有学用互动、内容实用、通俗易懂、版式新颖、图文并茂的特点，文中有大量的图片作为参考，并配注操作方法及注意事项，力求符合学生的能力水平、认知特点和学习需要；同时也为汽修专业师生提供简单、实用、明确、统一的技能教学标准。

本书由金娇荣为主编，边铁勇为副主编，参加编写的还有陈守波、苏森勇、郑智琳、张黎萍、谢旭青、林建、梁华霖、李岩桐、江金华。

在编写过程中得到了浙江省玉环县东方中学的大力支持，在此表示衷心的感谢。

由于编者水平有限，书中难免有不足之处，恳请读者提出宝贵意见和建议，以求不断改进和完善。

学时分配表

学习项目	课程内容	建议学时
项目一	数字式万用表的使用	4
项目二	拆剥轮胎	4
项目三	制动总泵拆装与检修	4
项目四	发电机拆检	4
项目五	起动机拆检	4
项目六	轮胎动平衡检测	2
项目七	蓄电池检测	2
项目八	气缸测量	4
项目九	拆装前、后桥轮毂	4
项目十	发动机缸盖测量及燃烧室检测	4
项目十一	活塞连杆拆装及校正	4
项目十二	丰田卡罗拉保养	6
项目十三	大灯、防雾灯的线路连接	4
项目十四	气缸压力测量与分析	4
项目十五	本田自动变速器拆装检测	4

续表

学习项目	课程内容	建议学时
项目十六	喷油嘴清洗	2
项目十七	不充电故障诊断与排除	4
项目十八	起动系统故障诊断	4
项目十九	电控发动机的故障检测	4
项目二十	桑塔纳 2000 型轿车汽车钥匙匹配	2
项目二十一	尾气分析	4
项目二十二	ABS 故障检测	4
课时总计		82

目 录

CONTENTS

项目一　数字式万用表的使用

【项目说明】

　　本项目是关于数字式万用表的介绍，以及通过对电压、电阻、温度等的检测来使学生熟练掌握数字式万用表的使用。

【学习目标】

　　1. 掌握数字式万用表界面以及各挡位含义；

　　2. 掌握用数字式万用表测量电压、电阻、温度等的方法。

【项目内容】

　　1. 所需设备；

　　2. 数字式万用表介绍；

　　3. 数字式万用表的使用操作步骤。

一、所需设备

名称	示意图	备注
设备		常见数字式万用表

二、数字万用表介绍

操作步骤	示意图	备注
表面整体介绍		说明： ①LED 显示器； ②数据保持开关； ③功能/量程旋钮开关； ④温度测试插座； ⑤表笔插孔； ⑥电源开关； ⑦三极管测试插座； ⑧表笔插孔挡板
测量交流电压挡位		说明： 用于测量交流电压的选项，量程有 2，20，200 和 700 V
测量直流电压挡位		说明： 用于测量直流电压的选项，量程有 2，20，200 和 1000 V

续表

操作步骤	示意图	备注
测量电阻挡位		说明： 用于测量电阻的选项，量程有蜂鸣挡、200 Ω、20 kΩ、200 kΩ 和 20 MΩ
测量温度挡位		说明： 标有"℃"的位置是用于测量温度的挡位位置

三、数字式万用表的使用操作步骤

操作步骤	示意图	备注
1.连接万用表		说明： 1.将红色表笔连接到"VΩHz"插孔内，黑色表笔连接到"COM"插孔内； 2.当测量较大电流时，红表笔需要连接到 mA 或者 20 A 插孔内

续表

操作步骤	示意图	备注
2.检查万用表		方法： 1.打开万用表电源； 2.将旋钮旋至电阻蜂鸣挡； 3.将红、黑表笔接触 说明： 表面显示值接近于0，并发出蜂鸣声，则表示万用表正常
3.测量直流电压		方法： 1.将黑表笔插入COM插孔，红表笔插入V/Ω插孔； 2.将功能开关置于直流电压挡"V−"量程范围； 3.选择合适的量程 说明： 当误用直流电压挡去测量交流电压时，显示屏将显示"000"，或低位上的数字出现跳动
4.测量交流电压		方法： 1.将黑表笔插入COM插孔，红表笔插入V/Ω插孔； 2.将功能开关置于交流电压挡"V~"量程范围； 3.选择合适的量程 说明： 当误用交流电压挡去测量直流电压时，显示屏将显示"000"，或低位上的数字出现跳动

续表

操作步骤	示意图	备注
5.测量电阻		方法： 将功能开关置于 Ω 量程，将测试表笔连接到待测电阻两端端子上 说明： 仪表显示为"1"有 2 种情况，一种是被测电阻超出所选择量程的最大值，另一种是没有连接好，例如开路 注意事项： 测量时双手一定不要同时接触表笔金属部分
6.测量温度		方法： 1.将功能开关置于温度量程； 2.将温度传感器插头插入专用的温度测试座中 说明： 1.表笔不要插入表笔插孔（COM，V/Ω）中； 2.读数时应待数据稳定后再读取

考核项目

1.考核要求

（1）正确使用数字式万用表；

（2）掌握使用万用表测量电阻的方法；

（3）掌握使用万用表测量电压的方法。

2.考核评定

数字式万用表的使用考核评分表

编号			姓名		工位		
序号	考核内容	配分	评分标准		考核记录	扣分	得分
1	使用前准备	20	表笔连接错误扣 10 分				
			未检查电源电压扣 5 分				
			未检查万用表电压扣 5 分				
2	电阻的测量	20	功能开关直接置于 Ω 量程扣 10 分				
			读数错误扣 10 分				
3	电压的测量	20	电压挡量程范围错误扣 10 分				
			读数错误扣 10 分				
4	电容的测量	10	未将功能开关置于电容量程扣 5 分				
			未将电容器插入电容测试座中扣 5 分				
5	正确使用工、量具，操作现场整洁	20	每项扣 2 分，扣完为止				
	遵守安全操作规程，文明地作业		发生重大安全事故，本考核项目记 0 分				
6	操作时间	10	操作时间为 20 min，超时 1 min 扣 2 分				
7	分数合计	100	总得分				

评分人：　　　　　　　　　　　　　　　　　　　　年　　月　　日

项目二　拆剥轮胎

【项目说明】

本项目通过拆剥轮胎，介绍轮胎拆剥机的使用方法。

【学习目标】

1.掌握如何更换汽车外轮胎；

2.熟练并安全操作轮胎拆剥机。

【项目内容】

1.所需设备；

2.拆剥轮胎操作步骤。

一、所需设备

名称	示意图	备注
设备		打气泵、轮胎拆剥机、撬棍、气压表、气门芯拆卸工具、深度尺、平衡钳

二、拆剥轮胎操作步骤

拆装步骤	示意图	备注
1.清除轮胎上的平衡块和其他异物		方法： 1.用平衡钳夹下钢圈外缘平衡块； 2.清除胎面上的杂物 注意事项： 杂物必须全部清除，以便轮胎拆装
2.放气		方法： 1.用气门芯工具； 2.放出轮胎中的气体
3.做记号		方法： 用记号笔标注气门芯的位置
4.夹松轮胎		方法： 1.将轮胎置于风压铲和靠胎皮中，使铲块置于轮缘与胎之间； 2.脚踩右一踏板，使轮缘与胎分离 注意事项： 靠胎时请使用毛刷蘸浓肥皂液润滑胎缘

续表

拆装步骤	示意图	备注
5.固定轮辋		方法： 踩下剥胎机右二踏板，夹紧轮辋 注意事项： 1.不同轮胎，采用不同的夹紧方式，如铁轮辋夹内侧，铝合金轮辋夹外侧； 2.拆装时，应注意定位爪不要紧贴轮辋，以免擦掉钢圈油漆
6.剥轮胎外侧		方法： 1.将垂直轴置于工作位置，使拆装机靠近轮缘，使拆装机头内锥与轮缘接触，应注意避免划伤轮缘； 2.用锁紧杆锁紧垂直轴； 3.用撬杠将胎缘撬在拆装机头上； 4.点踩踏板，让转盘顺时针旋转直到胎缘脱落 注意事项： 1.如有内胎应使轮胎气门嘴离开拆装机头右边 10 mm 左右； 2.如拆时受阻，应立即踩左第二个踏板，使转盘反转
7.剥轮胎内侧		注意事项： 如有内胎，应先取出内胎再拆另一端

续表

拆装步骤	示意图	备注
8. 取下轮胎		方法： 1. 解除锁紧杆装置； 2. 移开拆装机头； 3. 取下轮胎 注意事项： 注意轮胎正反面，有的轮胎有规定的安装位置或旋转方向
9. 检查轮辋		方法： 转动轮辋圈，观察轮辋一周，看有无被腐蚀或损坏 说明： 轮辋如被腐蚀或变形损坏，会导致无内胎轮胎密封不严而漏气 注意事项： 轮辋不得变形损坏或被严重腐蚀
10. 安装前轮胎准备		方法： 安装轮胎，润滑胎缘，按相反的顺序安装轮胎 说明： 润滑胎缘是为了防止安装轮胎时出现卡滞现象 注意事项： 轮胎内缘不应出现卡滞现象
11. 安装轮胎内侧		方法： 顺时针旋转转盘，让胎缘落入钢圈槽内 注意事项： 1. 如有内胎，应在一侧压入后装入内胎； 2. 在内胎上抹滑石粉

续表

拆装步骤	示意图	备注
12.安装轮胎外侧		方法： 按安装轮胎内侧的方法安装外侧，并松开轮胎锁钳 说明： 有些轮胎有厂家规定的安装位置和轮胎的旋转方向 注意事项： 注意轮胎记号，以及轮胎的旋转方向
13.充气		方法： 用充气枪充气 说明： 1.充气时，轮胎（一些旧轮胎或质量不合格的轮胎）可能会出现爆胎现象； 2.备胎气压要高于其他轮胎，因为备胎可能会作为前轮或后轮使用，使用时要调整气压 注意事项： 充气时要做好防护措施，防止轮胎破裂（如是备胎，气压要高于汽车轮胎的规定气压）
14.清洁并整理工具		方法： 1.检查气门芯有无漏气并拧上气门芯护套； 2.清洁并整理工具

考核项目

1.考核要求

（1）正确使用轮胎拆剥工具；

（2）正确更换汽车外胎；

（3）正确判断汽车外胎技术状况；

（4）安全、文明地生产。

2.考核评定

轮胎拆剥考核评分表

编号			姓名		工位		
序号	考核内容	配分	评分标准	考核记录	扣分	得分
1	正确选用工具、材料	5	工具、材料选错一件扣1分			
2	拆装前准备	10	准备不充分一次扣2分，扣完为止			
3	轮胎拆装机的正确使用	10	操作不正确扣5分			
			准备不充分扣5分			
4	拆卸过程	20	每出现一处错误扣5分			
5	检查与清洁	10	未检查或清洁每处扣2分			
6	装配工艺和质量	20	装配错误每处扣5分			
7	遵守安全操作规程，正确使用工、量具	10	每错一项扣2分，扣完为止			
8	安全、文明地生产，操作现场应清洁	5	酌情扣分，因违反安全操作规程，发生事故者，本考核项目记0分			
9	操作时间	10	操作时间为20 min，超时1 min扣2分			
10	分数合计	100	总得分			

评分人：　　　　　　　　　　　　　　　　　　　　　　　年　　月　　日

项目三　制动总泵拆装与检修

【项目说明】

本项目对 EQ1060 的制动总泵进行拆装与检修，以确保制动总泵的性能。

【学习目标】

1. 掌握制动总泵的结构及工作原理；

2. 熟练制动总泵的拆装；

3. 熟悉制动总泵的检修。

【项目内容】

1. 所需设备及工、量具；

2. 操作步骤。

一、所需设备及工、量具

名称	示意图	备注
设备及工、量具		制动液、EQ1060 的制动总泵、顶杆(2 只)、气枪、卡簧钳、10 号梅花扳手、厚薄规、游标卡尺(0～125 mm)

二、制动总泵拆装与检修操作步骤

操作步骤	示意图	备注
1.清洁制动总泵壳体		方法： 用毛刷、汽油清洁 说明： 必须清除壳体上的灰尘、杂质
2.拆卸卡簧		方法： 向内推动活塞并卸下卡簧
3.取出一号活塞总成		方法： 从总泵中取出一号活塞 注意事项： 取一号活塞时必须做到平稳、顺畅，以免造成部件损坏
4.卸下二号活塞固定螺栓		方法： 用推杆推动二号活塞，卸下固定螺栓 注意事项： 拆卸螺栓时应无阻力，以免造成螺栓螺牙损坏

续表

操作步骤	示意图	备注
5. 卸下二号活塞总成		方法： 从总泵中取出二号活塞 注意事项： 取二号活塞时必须做到平稳、顺畅，以免造成部件损坏
6. 总成分解		说明： 将零件按拆装顺序摆放整齐
7. 清洁总泵缸孔		方法： 用高压空气清洁缸孔以避免灰尘
8. 游标卡尺校对		注意事项： 1. 需要有合格证； 2. 应清洁； 3. 视线垂直于刻度表面

续表

操作步骤	示意图	备注
9. 测量总泵孔的内径		方法： 用游标卡尺测量总泵孔的内径
10. 测量活塞的外径		方法： 用游标卡尺测量活塞的外径
11. 用厚薄规再次进行测量		方法： 用厚薄规测量总泵孔与活塞的间隙 说明： 间隙应保持在 0.04～0.15 mm，超过该范围就应更换
12. 检查橡胶皮碗		方法： 用手挤压、折叠橡胶皮碗 说明： 橡胶皮碗应无老化、无磨损、无破裂现象，否则应更换

续表

操作步骤	示意图	备注
13.检查活塞		方法： 目测活塞各个面 说明： 活塞应完整、无裂缝，否则就应更换
14.检查弹簧		方法： 用双手挤压检查弹力 说明： 弹簧无折断，弹力应良好
15.检查总泵缸孔		方法： 缸孔内表面必须光滑，且无锈蚀及拉伤现象 说明： 安装零部件必须在缸孔中抹制动液
16.润滑		方法： 在活塞、弹簧、总泵缸孔、橡胶皮碗等各处抹润滑油

续表

操作步骤	示意图	备注
17.安装二号活塞		方法： 将润滑的二号活塞，安装到总泵孔中 注意事项： 活塞应平稳安装到总泵孔中，避免出现倾斜
18.固定二号活塞		方法： 用推杆顶住活塞，将固定螺栓旋紧 说明： 必须先用手旋紧固定螺栓，再用梅花扳手紧固
19.安装一号活塞		方法： 将抹油的一号活塞安装到总泵孔中 说明： 活塞应平稳进行安装
20.安装弹簧		方法： 用推杆顶住一号活塞，用卡簧钳安装弹簧 说明： 卡簧安装完成后检查其是否落位

考核项目

1. 考核要求

(1)文明、规范地操作，且工具运用方法应正确；

(2)拆制动总泵前应进行清洁、润滑；

(3)安装制动总泵各零部件应到位。

2. 考核评定

液压制动总泵拆装检修考核评分表

编号			姓名		工位		
序号	考核内容		配分	评分标准	考核记录	扣分	得分
1	劳动用品穿戴		5	穿戴不全扣5分			
2	正确选用工具、量具、材料		5	缺一件扣1分，选错一件扣1分，扣完为止			
3	检测前准备		5	准备不充分一次扣2.5分，扣完为止			
				准备失误扣5分			
4	解件与清洗		10	每出现一处错误扣1分			
5	主要机件的检修(修复方法口述)	缸筒的检修	10	检验方法不正确扣3分			
				检验结果不正确扣5分			
				修复方法不正确扣2分			
		活塞的检修	10	检验方法不正确扣3分			
				检验结果不正确扣5分			
				修复方法不正确扣2分			
		密封圈的检修	10	检验方法不正确扣3分			
				检验结果不正确扣5分			
				修复方法不正确扣2分			
		弹簧的检修	10	检验方法不正确扣3分			
				检验结果不正确扣5分			
				修复方法不正确扣2分			
6	装配工艺和质量		10	装配错误每处扣2分			
7	工具的使用		10	工具、用具使用不正确一次扣2分，扣完为止			
				损坏丢失一件工具、用具本考核项目记0分			

续表

序号	考核内容	配分	评分标准	考核记录	扣分	得分
8	清洁、整理工作	5	未做扣 5 分，不整洁酌情扣分			
9	操作时间	10	操作时间为 20 min，超时 1 min 扣 2 分			
10	分数合计	100	总得分			

评分人：　　　　　　　　　　　　　　　　　　　　　　年　　　月　　　日

项目四　发电机拆检

【项目说明】

本项目将对桑塔纳发电机的拆装与检测进行介绍。

【学习目标】

1. 掌握发电机结构；

2. 掌握发电机的工作原理；

3. 掌握发电机各部分元件的检测。

【项目内容】

1. 所需设备及工、量具；

2. 操作步骤。

一、所需设备及工、量具

名称	示意图	备注
设备及工、量具		左起： 直尺、一字起、十字起、棘轮扳手、短接杆、φ13 套筒、φ24 套筒、8 号扳手、13 号扳手、冲击螺丝刀、记号笔、木柄榔头、数字万用表、发电机

二、操作步骤

操作步骤	示意图	备注
1.拆下碳刷架		方法： 用一字起均匀拧松碳刷架固定螺栓 注意事项： 碳刷架应放置在干燥的地方
2.拆下电容		方法： 用十字起拧松电容固定螺栓 注意事项： 电容应放置在干燥的地方
3.拆绝缘垫		方法： 用13号扳手拆下B_+接线柱螺栓，用8号扳手拆下D_+接线柱螺栓 注意事项： 绝缘垫应完好不破裂
4.拧松皮带轮固定螺母		方法： 用扭力扳手拧松皮带轮固定螺母 注意事项： 拆螺母时应借助其他工具，并注意安全

续表

操作步骤	示意图	备注
5.取下发电机风扇叶子、垫片和隔套		注意事项： 风扇正反不同，装配时不能装反，否则不能冷却
6.拆下发电机前、后端盖的连接螺栓		方法： 用冲击起子拧松前、后端盖连接螺栓，并在拆之前在发电机上用记号笔做记号 注意事项： 应标注原始位置
7.用木柄榔头敲击，将前、后端盖分开		方法： 用木榔头敲击外壳，将前、后端盖分开 注意事项： 敲击时不能太用力，否则会使壳体破裂，并应注意绝缘线的油漆
8.拆下转子前轴承固定螺栓		方法： 用十字起子拧松固定螺栓 注意事项： 4个螺栓均匀拧松

续表

操作步骤	示意图	备注
9.用拉力器拆下前端盖		方法： 用拉力器分离前端盖与转子 注意事项： 使用拉力器时用力应均匀
10.分离定子与后端盖	用焊枪熔解焊锡分离定子一整流器	方法： 用电烙铁熔解焊锡，使定子线圈与整流器分开 注意事项： 拆装时应小心，不要损伤定子线圈的绝缘漆
11.拧松整流器与后端盖的固定螺栓，取下整流器		方法： 用十字起子拧松整流器的固定螺栓，均匀拧松 注意事项： 绝缘胶垫不要脱落
12.清洁、整理零部件	碳刷架　后端盖　镇流器　定子　转子　前端盖　凤扇　皮带轮	方法： 电子元件橡胶件应用干净的抹布清洁，其他元件可用汽油或其他清洗液清洗 注意事项： 零件应分类清洗，保护零件的绝缘性

续表

操作步骤	示意图	备注
13.转子检查		方法： 用万用表检查转子的电阻、转子电刷环与环之间的电阻，电刷环与转子轴应绝缘；用平面台架检查转子轴是否变形
14.检查定子		方法： 用万用表检查定子的电阻、定子线圈之间的电阻、定子线圈与铁芯之间的电阻
15.整流器二极管检查		方法： 用万用表检测正负二极管，正二极管是内正外负，负二极管是外正内负 注意事项： 二极管的极性，二极管具有单向导通性，万用表的极性不能接反
16.碳刷检查		方向： 用直尺测量碳刷长度 注意事项： 碳刷长度应大于7 mm

续表

操作步骤	示意图	备注
17.装复		方法: 装复顺序与拆的顺序相反 注意事项: 在装复前,应将轴承内填充润滑油(1号或3号复合钙钠基润滑脂或2号低温润滑脂)润滑,填充量为轴承空间的2/3为宜。装复后的发电机应进行发电电压检测,发电电压应达到13.8~14.5 V,充电指示灯应熄灭

考核项目

1.考核要求

(1)能按正确的顺序拆装发电机;

(2)能正确地使用专用工具;

(3)能正确地检查发电机各零部件;

(4)场地能保持整洁,能安全地生产。

2.考核评定

交流发电机的拆装考核评分表

编号		姓名		工位		
序号	考核内容	配分	评分标准	考核记录	扣分	得分
1	交流发电机拆解、清洁	18	每出现一处操作错误扣2分			
2	转子检查	32	检查方法不正确扣4分			
			检查结果不正确扣4分			
	定子检查		检查方法不正确扣4分			
			检查结果不正确扣4分			
	整流管二极管检查		检查方法不正确扣4分			
			检查结果不正确扣4分			
	电刷组件检查		检查方法不正确扣4分			
			检查结果不正确扣4分			

续表

序号	考核内容	配分	评分标准	考核记录	扣分	得分
3	发电机组装	14	每出现一处操作错误扣2分			
4	试验台动态试验测试	16	检查方法不正确扣4分			
			检查结果不正确扣4分			
	就车动态测试		检查方法不正确扣4分			
			检查结果不正确扣4分			
5	遵守安全操作规程，正确使用工、量具，操作现场整洁	10	每项扣2分，扣完为止			
	安全用电，并注意防火，无人身、设备事故		因违规操作发生重大人身和设备事故，本考核项目记0分			
6	考核时间	10	操作时间为20 min，超时1 min 扣2分			
7	分数合计	100	总得分			

评分人：　　　　　　　　　　　　　　　　年　　月　　日

项目五　起动机拆检

【项目说明】

本项目将对汽车起动机的拆装及检查进行介绍。

【学习目标】

1. 掌握起动机的结构及工作原理；
2. 掌握起动机的拆装工艺；
3. 掌握起动机的检测方法。

【项目内容】

1. 所需设备及工具；
2. 操作步骤。

一、所需设备及工具

名称	示意图	备注
设备		起动机
工具		2号十字螺丝刀和 8 ~ 10 mm 扳手

二、操作步骤

操作步骤	示意图	备注
1. 拧出后端盖螺栓		方法： 用十字螺丝刀依次拧松启动马达后端盖上的 2 颗螺栓 注意事项： 十字螺丝刀需放正
2. 拧出贯穿螺栓		方法： 选用 8 号梅花扳手，交叉依次拧出贯穿螺栓 注意事项： 梅花扳手需要放正，以防打滑
3. 拆卸 12 号六角螺母		方法： 用 12 号梅花扳手拧松六角螺母 注意事项： 扳手需放正
4. 取下起动机的后端盖、碳刷架		方法： 一只手握住起动机，另一只手就可直接取下起动机后端盖及碳刷架

续表

操作步骤	示意图	备注
5. 取下定子、转子		方法： 一只手握住起动机，另一只手取下定子及转子
6. 拧松前端盖螺栓		方法： 用十字螺丝刀交叉分数次拧出前端盖螺栓(3 处) 注意事项： 螺丝刀需放正
7. 取下单向离合器		方法： 一只手握着起动机，另一只手将单向离合器取下 注意事项： 必须是平稳地取出，不要倾斜
8. 拧出电磁开关螺栓		方法： 用十字螺丝刀拧出电磁开关螺栓(3 处)

续表

操作步骤	示意图	备注
9. 取下电磁开关及拨叉		方法： 倾斜地将电磁开关脱离拨叉并将其取出
10. 整齐有序摆放各部零件		方法： 按拆卸顺序依次放好
11. 检查转子上的轴承		方法： 用手转动轴承，检查是否有异响，若有异响则需更换
12. 测量转子上端的直径		方法： 用游标卡尺测量转子直径 注意事项： 量具应规范使用

续表

操作步骤	示意图	备注
13. 检查单向离合器		方法： 用手转动单向离合器，查看工作状况，顺转逆止
14. 润滑单向离合器		方法： 用润滑脂润滑单向离合器
15. 检查电磁开关		方法： 用手按电磁开关，检查它是否能顺利地来回伸缩
16. 检查拨叉		方法： 目视检查拨叉有无明显裂痕或损坏

续表

操作步骤	示意图	备注
17. 润滑转子轴承		方法： 用轴承上涂抹润滑脂 注意事项： 只需适量的润滑脂
18. 清洁转子		方法： 用砂纸对转子轻轻地打磨 注意事项： 不要用力过大，以免其磨损过多
19. 测量转子		方法： 用万用表测量转子线圈与搭铁之间是否短路，正常电阻应为无穷大 注意事项： 万用表选用电阻蜂鸣挡
20. 测量电磁开关		方法： 检查电磁开关吸引线圈，保持线圈导通情况，应用万用表欧姆挡最小挡位测量，吸引线圈标准值为几 Ω，保持线圈标准值为零点几 Ω

续表

操作步骤	示意图	备注
21. 检查碳刷的长度		方法： 用直尺测量碳刷的长度，判断它是否需要更换 注意事项： 一般碳刷长度小于 7 mm 就需要更换
22. 安装电磁阀开关		方法： 倾斜地将电磁开关套住拨叉并将其装上
23. 安装电磁开关螺栓		方法： 用十字螺丝刀拧紧电磁开关螺栓
24. 安装定子		方法： 对准记号安装

续表

操作步骤	示意图	备注
25.安装碳刷架		方法： 用钩子钩住弹簧，往外拉出，将碳刷装入 注意事项： 起动机全部装复后需进行试验

考核项目

1.考核要求

(1)能遵守安全、文明操作规程，并能正确运用工具；

(2)了解起动机部件的检测方法；

(3)安全并顺利完成操作。

2.考核评定

起动机的拆装及检修考核评分表

编号		姓名		工位		
序号	考核内容	配分	评分标准	考核记录	扣分	得分
1	起动机解体	10	每出现一次操作错误扣2分			
2	转子总成的检修	30	检验方法不正确扣3分			
			检验结果不正确扣3分			
			修理方法不正确扣3分			
	定子总成的检验		检验方法不正确扣3分			
			检验结果不正确扣3分			
	电刷总成的检修		检验方法不正确扣3分			
			检验结果不正确扣3分			
			修理方法不正确扣3分			
	单向离合器的检验		检验方法不正确扣3分			
			检验结果不正确扣3分			
	电磁开关的检验		检验方法不正确扣3分			
			检验结果不正确扣3分			

续表

序号	考核内容	配分	评分标准	考核记录	扣分	得分
3	起动机装复（组装工艺和方法）	10	每出现一次操作错误扣2分			
4	用电气万能试验台检验起动机的工作性能	20	检验方法不正确每处扣3分			
			检验结果不正确每处扣3分			
5	遵守安全操作规程，正确使用工、量具，操作现场应整洁	20	每项扣2分，扣完为止			
	安全用电，并注意防火，无人身、设备事故		因违规操作发生重大人身和设备事故，本考核项目记0分			
6	操作时间	10	操作时间为 20 min，超时1 min 扣2分			
7	分数合计	100	总得分			

评分人：　　　　　　　　　　　　　　　　　　年　　月　　日

项目六　轮胎动平衡检测

【项目说明】

本项目将对普通无内胎车轮进行动平衡检测。

【学习目标】

1. 掌握如何使用轮胎动平衡机及附属工具；

2. 熟练地给车轮进行动平衡检测；

3. 掌握轮胎动平衡的基本要求。

【项目内容】

1. 所需设备及工具；

2. 操作步骤。

一、所需设备及工具

名称	示意图	备注
设备及工具		轮胎动平衡机、平衡块、轮胎、平衡锤和快速螺母等

二、操作步骤

操作步骤	示意图	说明
1. 准备工作		方法： 1.检查轮辋有无损坏、变形，若存在损坏或变形则需先进行修理； 2.清除轮胎面花纹内的异物，如小石子等； 3.检查轮胎气压，应充足至该轮胎标准气压； 4.取下车轮原先的平衡块 说明： 轮辋损坏、变形，花纹内有异物，气压不准以及旧的平衡块都会影响检测结果的准确性 注意事项： 进行清除工作时，不能损伤轮辋和胎面
2. 安装轮胎		方法： 双手抬起轮胎装入平衡机轴 注意事项： 装入时，应注意轴上的螺纹
3. 安装合适的锥体		方法： 在平衡机左侧取合适的锥体夹入平衡机轴 说明： 轮胎中间孔有不同尺寸，根据不同轮胎选择合适的锥体 注意事项： 锥体选取要合适，否则会影响平衡的正确性

续表

操作步骤	示意图	说明
4.锁紧轮胎		方法： 用手握紧快速螺母红色按钮，直接卡入平衡轴，到位后再拧紧 注意事项： 轮胎轮辋一定要装平整，否则会影响平衡
5.测量安装距离		方法： 1.拉出测量杆测出轮辋与平衡机的距离； 2.在平衡机上 A 区的指示箭头输入所测量的数据 注意事项： 1.测量位置在轮辋的边缘凹部； 2.正确输入数据
6.测量轮辋宽度		方法： 用卡规测量轮辋的宽度 说明： 卡规应卡在轮辋边缘的凹部 注意事项： 1.测量时注意量规在同一平面上，不能歪斜； 2.正确输入数据
7.输入轮辋直径		方法： 在轮胎胎面上找，如图中 195/60R14，14 表示轮辋的直径 注意事项： 正确输入数据

续表

操作步骤	示意图	说明
8. 启动平衡机，找到外侧的不平衡点，装入相应的平衡块		方法： 1.按操控板上"START"按钮，启动，8 s 后仪表显示轮胎不平衡量，单位为 g； 2.转动轮胎，当 OUTER 侧指示灯都亮起时，稳住轮胎； 3.在轮胎外侧 12 点钟位置处装入相应质量的平衡块 注意事项： 1.启动时用手推一下车轮辅助启动，可延长电机寿命； 2.选取的平衡块的质量要接近仪表所示质量
9. 找到内侧平衡点		方法： 1.转动轮胎，当 INTER 侧指示灯都亮起时，稳住轮胎； 2.在轮胎内侧 12 点钟位置处装入相应质量的平衡块 注意事项： 选取的平衡块的质量要接近仪表所示质量
10. 复查		方法： 再次启动平衡机，机器停止后仪表上都显示为"0"时，平衡完成 注意事项： 一般要求动平衡不超过 ±5 g

续表

操作步骤	示意图	说明
11.拆下轮胎		方法： 转动快速螺母，取下快速螺母、锥体 注意事项： 注意安全，轻拿、轻放
12.整理工具		方法： 拆除顺序与安装顺序相反· 注意事项： 设备用完须清洁，并在适当的位置涂润滑脂防止生锈

考核项目

1.考核要求

(1)正确使用轮胎平衡机及附属工具；

(2)能够判断轮胎平衡要求；

(3)安全、文明地生产。

2.考核评定

车轮动平衡检测考核评分表

编号			姓名			工位		
序号	考核内容		配分	评分标准		考核记录	扣分	得分
1	卸下车轮,清除车轮上的铅块、异物		12	操作不正确扣6分				
				未清除异物扣6分				
2	检查气压,并充气		6	未检查、未充气各扣3分				

续表

序号	考核内容	配分	评分标准	考核记录	扣分	得分
3	平衡仪开机，检验准备	14	操作不正确扣7分			
			准备不充分扣7分			
4	车轮定位夹紧	12	定位夹紧不正确扣12分			
5	车轮平衡仪检校操作	34	输入参数错误扣14分			
			操作方法错误扣10分			
			操作步骤错误扣10分			
6	检校结果	10	结果不正确扣10分			
7	遵守安全操作规程，正确使用量具，操作现场清洁	8	每错一项扣2分，扣完为止			
8	安全、文明地生产	4	不文明操作扣4分，因违反安全操作规程发生事故者，本考核项目记0分（考核时间为20 min）			
9	分数合计	100	总得分			

评分人：　　　　　　　　　　　　　　　　　　　　　　　年　　月　　日

项目七　蓄电池检测

【项目说明】

本项目对普通干式荷电蓄电池进行各项检测，以分析判断蓄电池的技术状况。

【学习目标】

1. 掌握万用表、密度计、高率放电计等检测工具的使用方法；

2. 掌握蓄电池的检测项目及检测方法；

3. 了解蓄电池技术状况的分析方法及简单故障判断的方法。

【项目内容】

1. 所需设备及工、量具；

2. 蓄电池检测操作步骤。

一、所需设备及工、量具

名称	示意图	备注
设备		蓄电池
工、量具		从左至右：万用表、密度计、玻璃管、温度计和高率放电计

二、蓄电池检测操作步骤

操作步骤	示意图	备注
1.清洁蓄电池		方法： 1.用抹布蘸小苏打水溶液清洁； 2.用砂纸清洁蓄电池桩头 注意事项： 蓄电池电解液具有强腐蚀性，小心手和衣服，不能与其直接接触
2.测量蓄电池电压		方法： 用数字式万用表检测蓄电池电动势 说明： 1.万用表红表笔连接蓄电池正极端子； 2.万用表黑表笔连接蓄电池负极端子
3.检查并清洁加液口盖通气孔		方法： 1.旋开加液口盖； 2.检查通气孔； 3.若通气孔堵塞，用细铁丝清洁 说明： 1.充电时，部分电解液会电解产生氢气和氧气； 2.通气若不通畅，充电时，可能会引起蓄电池外壳膨胀甚至爆裂

续表

操作步骤	示意图	备注
4.检查液面高度		方法： 1.观察蓄电池外壳液面高度刻线，MAX 表示最大液面位置，MIN 表示最小液面位置，电解液液面处于两线中间为正常； 2.用玻璃管测量，把玻璃管放入加液口至电池极板上，用拇指按住玻璃管的另一端，取出，玻璃管内的液体高度即电解液液面高度 注意事项： 电解液不能溅到眼睛、皮肤和衣服上，如不小心溅到眼睛里，应用大量清水冲洗，如溅到皮肤或衣服上，应用苏打水清洗
5.检测电解液的温度		方法： 1.把温度计放入电解液中，放置 5 min 左右； 2.读取温度 注意事项： 1.温度计感温包应完全浸入电解液； 2.读数时视线应与温度计刻度相平
6.检测电解液密度		方法： 1.捏住密度计后部气囊； 2.把吸管放入电解液中，松开气囊，吸入适量电解液； 3.读取电解液密度； 4.读取后，将电解液挤回原加液口 注意事项： 1.读数时，视线与刻度线保持水平； 2.读取液面凹面底部与密度计刻度线相交点； 3.注意电解液安全

续表

操作步骤	示意图	备注
7.测量蓄电池技术状况		说明： 1.高率放电计的蓝色线为负极，红色线为正极； 2.仪表绿色区域为正常 注意事项： 1.检测时线与桩头接触牢靠； 2.检测时接通时间不超过5 s
8.测量蓄电池容量		方法： 1.与放电计直接相接的脚与电池负极相接，红色线与电池正极相接； 2.仪表指示数字为 10 表示正常 注意事项： 1.检测时线与桩头接触牢靠； 2.检测时接通时间不超过5 s
9.填写工作单并清洁整理	见附表	说明： 1.将检测的数据填入表格； 2.分析数据； 3.设备及工、量具摆放整齐

考核项目

1. 考核要求

(1) 万用表、密度计、高率放电计等检测工具的正确使用；

(2) 蓄电池的正确检测；

(3) 蓄电池的技术状况的正确分析；

(4) 文明、规范、安全地作业。

2. 考核评定

蓄电池的检测考核评分表

编号		姓名		工位		
序号	考核内容	配分	评分标准	考核记录	扣分	得分
1	检测前准备	10	准备工作未做扣 10 分			
2	蓄电池端电压的检测	40	检测方法不正确扣 5 分			
			检测结果不正确扣 5 分			
	电解液液面高度检测		检测方法不正确扣 5 分			
			检测结果不正确扣 5 分			
	电解液相对密度检测		检测方法不正确扣 10 分			
			检测结果不正确扣 5 分			
	负荷试验检测		检测方法不正确扣 10 分			
			检测结果不正确扣 5 分			
3	高率放电计与蓄电池连接	20	连接方法不正确扣 10 分			
	测量蓄电池技术状况		检测方法不正确扣 10 分			
4	正确使用工、量具，操作现场应整洁	20	每项扣 2 分，扣完为止			
	遵守安全操作规程，无人身、设备事故		发生重大安全或设备事故，本考核项目记 0 分			
5	操作时间	10	操作时间为 20 min，超时 1 min 扣 2 分			
6	分数合计	100	总得分			

评分人：　　　　　　　　　　　　　　　　　　　　年　　月　　日

附表

蓄电池技术状况检测单

项目	蓄电池单格					
	1	2	3	4	5	6
液面高度/mm						
电解液密度/$(g \cdot cm^{-3})$						
端电压/V						
放电程度						

项目八　气缸测量

【项目说明】

本项目针对桑塔纳(JV)发动机气缸进行测量，以判断其磨损情况，确定修理级别。

【学习目标】

1. 掌握气缸磨损的规律；

2. 掌握气缸测量的方法；

3. 掌握圆度、圆柱度的概念；

4. 了解修理的基本方法；

5. 掌握圆度、圆柱度误差的算法(圆度误差为被测气缸同一横截面上不同方向测得的最大与最小直径差的1/2；圆柱度误差为被测气缸圆柱面任意方向所测得的最大与最小直径差值的1/2)。

【项目内容】

1. 所需设备及工、量具；

2. 操作步骤。

一、所需设备及工、量具

名称	示意图	备注
设备及工、量具		设备： 桑塔纳(JV)气缸体，缸径×行程为 81 mm×86.4 mm 量具： 游标卡尺(0～125 mm)； 内径百分表(50～160 mm)； 外径千分尺(75～100 mm)

二、操作步骤

	示意图	备注
1. 清洁气缸体		方法: 用棉布清除气缸内杂质
2. 校对游标卡尺		注意事项: 有合格证才可使用。清洁游标卡尺时,将其置于水平位置,视线垂直于刻度
3. 测量缸径		说明: 读取气缸测量的实际尺寸
4. 校对外径千分尺		注意事项: 有合格证才可使用。清洁千分尺时,用标准量杆进行校对

续表

	示意图	备注
5.检查百分表		方法： 用手轻微触动表的触头部位 注意事项： 不要用力过度，防止百分表破损
6.装表		方法： 1.将百分表装入表杆上端至小格指针微动即可锁止； 2.选择合适、固定的量杆装入表杆座(JV：74~82 mm) 注意事项： 百分表面向自己，手应握在表杆的绝热套上
7.内径百分表校对零位		方法： 在千分尺上校对，百分表小指针指向 1~2 mm 即可并锁止螺母 注意事项： 需平视百分表
8.量缸		方法： 选择上、中、下 3 个截面进行测量 注意事项： 上截面为气缸上部距气缸上平面 10 mm、中部为活塞在气缸内上下止点的中间部位；下部为气缸下边缘 10~20 mm 处。测杆与气缸轴线保持垂直，测量数值误差不大于 ±0.10 mm

续表

	示意图	备注
9. 测量部位	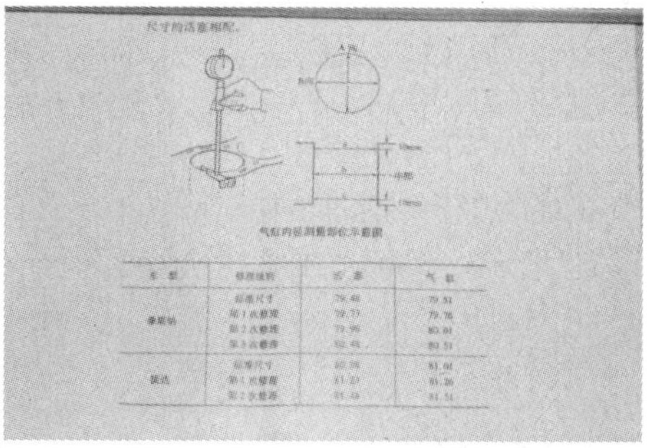	计算方法： 1. 圆度误差，即被测气缸同一横截面上不同方向测得的最大与最小直径差的1/2； 2. 圆柱度误差，即被测气缸表面任意方向所测得的最大与最小直径差值的1/2

考核项目

1. 考核要求

(1)规范操作，能合理运用工具；

(2)据测量程序完成测量项目；

(3)能准确计算圆度、圆柱度误差。

2. 考核评定

气缸测量考核评分表

编号		姓名		工位		
序号	考核内容	配分	评分标准	考核记录	扣分	得分
1	量具使用	10	未清洁、校核外径千分尺扣10分			
		10	未用游标卡尺确定气缸尺寸扣10分			
		10	未根据尺寸选用外径千分尺和内径百分表扣10分			
		10	未按要求组装内径百分表扣10分			
		10	未按要求校核内径百分表扣10分			
		无成绩	使用不当造成量具损坏及量具落地，本考核项目记0分			

续表

序号	考核内容	配分	评分标准	考核记录	扣分	得分
2	测量过程	10	气缸未清洁扣 10 分			
		15	测量部位不对扣 15 分			
		5	测量姿势不正确扣 5 分			
		无成绩	测量数值与标准值误差超过 ±0. 10 mm，本考核项目记 0 分			
		无成绩	不能读出表上数值，本考核项目记 0 分			
3	工、量具整理	10	未做扣 10 分，不符合要求酌情扣分			
4	操作时间	10	操作时间为 20 min，超时 1 min 扣 2 分			
5	分数合计	100	总得分			

评分人：　　　　　　　　　　　　　　　　　　　　　　年　　月　　日

附表

气缸测量数值记录表

学号		姓名		第几缸	
测量结果		上截面	中截面	下截面	
	左右				
	前后				
数据处理	圆度误差		圆柱度误差		
	是否可以继续使用				

项目九　拆装前、后桥轮毂

【项目说明】

本项目对解放 CA1091 前、后桥总成拆车件进行轮毂拆装，通过拆装训练，可以提高动手能力，并能进一步加深对汽车前、后桥结构的认识。

【学习目标】

1. 掌握前、后桥结构；
2. 掌握拆装轮毂的方法；
3. 掌握轴承与制动蹄片的检查与维护方法。

【项目内容】

1. 所需设备及工具；
2. 前桥轮毂拆装步骤；
3. 后桥轮毂拆装步骤。

一、所需设备及工具

名称	示意图	备注
设备及工具		设备： 解放 CA1091 前桥（上图）、解放 CA1091 后桥（下图） 工具： 厚薄规、可调扳手、专用工具、托架及常用工具等

二、前桥轮毂拆装步骤

操作步骤	示意图	备注
1.拆卸前轮毂盖		方法： 用梅花扳手进行拆卸 注意事项： 需对角拆卸螺栓
2.拆卸锁紧螺母 止动垫		方法： 用专用工具拆卸
3.拆卸轮毂轴承 锁紧螺母		方法： 用专用工具拆卸
4.拆卸调整螺母 锁紧垫		方法： 用专用工具拆卸

续表

操作步骤	示意图	备注
5. 拆卸轮毂轴承调整螺母		方法： 用专用工具拆卸
6. 安装托架		方法： 用车轮螺栓固定轮毂和托架
7. 拆卸轮毂外轴承		方法： 用专用工具拆卸 注意事项： 用手推住轮毂，防止轮毂脱落
8. 取下轮毂		方法： 用托架取出轮毂

续表

操作步骤	示意图	备注
9.拆卸前轮毂内轴承		方法: 用专用工具拆卸
10.拆卸弹簧		方法: 用专用工具拆卸 注意事项: 注意保护,防止弹簧弹出伤人
11.更换摩擦片		方法: 先取出开口销,然后取出摩擦片并更换
12.清洁、检查轴承		方法: 用清洗剂清洁轴承并目视检查

续表

操作步骤	示意图	备注
13. 润滑轴承		方法： 均匀地在轴承一圈涂抹润滑脂
14. 清洁摩擦片、轮毂		方法： 用砂皮纸进行清洁 注意事项： 摩擦片应避免油污
15. 安装前轮毂并紧固调整锁止螺母		方法： 安装调整螺母，用专用工具紧固调整螺母 注意事项： 紧固调整螺母时，需转动轮毂，紧固后松动 1/4～1/2 圈，再用厚薄规检查轮毂与摩擦片的间隙
16. 旋松制动调整锁止螺母		方法： 用扳手进行调整

续表

操作步骤	示意图	备注
17. 旋松调整蜗杆轴		方法： 用扳手进行调整
18. 调整摩擦片与轮毂间隙		方法： 用活动扳手对调整螺母进行调整
19. 安装各零件至项目完成		方法： 按照拆卸的相反方向进行组装，并左右转动轮毂或内外拉动轮毂，再次检查间隙

三、后桥轮毂拆装步骤

操作步骤	示意图	备注
1. 拆卸后桥半轴固定螺栓		方法： 用专用工具对角拆卸

续表

操作步骤	示意图	备注
2. 取出固定螺栓、弹簧垫圈及锥形垫圈		方法： 小零件集中存放
3. 取出半轴		方法： 平顺地取出，不要敲击
4. 拆卸锁止螺母		方法： 用专用工具拆卸锁紧螺母
5. 取出锁紧垫圈		方法： 用专用工具拆卸

续表

操作步骤	示意图	备注
6. 取出轮辋外油封		方法： 用专用工具拆卸
7. 拆卸调整螺母		方法： 用专用工具拆卸
8. 安装托架		方法： 用车轮螺栓固定轮毂和托架
9. 拆卸轮毂外轴承		方法： 用专用工具拆卸 注意事项： 用手推住轮毂，防止轮毂脱落

续表

操作步骤	示意图	备注
10.取下轮毂		方法： 用托架取出轮毂
11.拆卸内轴承以及清洁检查并涂润滑脂		方法： 用专用工具拆卸，用清洗剂清洁轴承，再目视检查，并均匀涂抹润滑脂
12.清洁摩擦片、轮毂		方法： 用砂皮纸进行清洁 注意事项： 摩擦片应避免油污
13.安装内轴承、轮毂		方法： 用托架安装

续表

操作步骤	示意图	备注
14. 安装轮毂外轴承		方法： 用专用工具安装
15. 安装调整螺母		方法： 安装调整螺母时，用专用工具紧固调整螺母 注意事项： 紧固调整螺母时，需转动轮毂，紧固后再松动 $1/4 \sim 1/2$ 圈，再用厚薄规检查轮毂与摩擦片的间隙
16. 安装轮辋外油封		方法： 用专用工具安装
17. 安装锁紧垫圈		注意事项： 对准定位销

续表

操作步骤	示意图	备注
18. 安装锁紧螺母		
19. 紧固锁紧螺母		方法： 用专用工具紧固锁紧螺母
18. 安装半轴		注意事项： 平顺地装入，不要敲击
19. 安装锥形垫圈、弹簧垫圈、固定螺栓		

续表

操作步骤	示意图	备注
20. 预紧半轴固定螺栓		方法： 用专用工具对角紧固
21. 紧固半轴固定螺栓		方法： 用专用工具对角紧固螺栓，并左右转动轮毂或内外拉动轮毂，再次检查间隙

考核项目

1. 考核要求

（1）文明、规范地操作；

（2）按程序完成工作项目；

（3）能调准轴承松紧度及检查蹄片间隙。

2. 考核评定

前、后桥轮毂拆装考核评分表

编号		姓名		工位		
序号	考核内容	配分	评分标准	考核记录	扣分	得分
1	正确使用工、量具	10	工、量具使用错误一次扣3分			
2	车轮制动器的解体	20	出现一次错误操作扣2分			
3	拆卸顺序要求符合标准	20	拆卸顺序错误一次扣3分			

续表

序号	考核内容	配分	评分标准	考核记录	扣分	得分
4	车轮制动器主要零件的检修	20	检查方法不正确,一次扣2分			
			修复方法不正确,一次扣2分			
5	操作规范、有序	20	每项扣3分,扣完为止			
	安全、文明地生产		有人身、设备事故,本考核项目记0分			
6	操作时间	10	操作时间为20 min,超时1 min 扣2分			
7	分数合计	100	总得分			

评分人:　　　　　　　　　　　　　　　　　　　　　　年　　月　　日

项目十　发动机缸盖测量及燃烧室检测

【项目说明】

发动机缸盖在使用过程中，下平面容易产生磨损和变形，本项目针对 EQ6100 发动机缸盖测量及燃烧室检测，来分析发动机缸盖下平面的磨损情况及燃烧室的容积情况。

【学习目标】

1. 掌握发动机缸盖测量各项技术要求，并对测量数据进行判断；

2. 掌握刀口尺、塞尺的使用方法；

3. 了解检测的目的及修复方法。

【项目内容】

1. 所需设备及工、量具；

2. 发动机缸盖测量及燃烧室检测操作步骤。

一、所需设备及工、量具

名称	示意图	备注
设备		EQ6100 发动机气缸盖 技术要求： 气缸盖下平面全长平面度误差不大于 0.10 mm，在 100 mm 长度上不大于 0.03 mm； 燃烧室标准容积为（143.8 ± 3）mL
工、量具		工具： 铲刀，火花塞安装专用工具 量具： 刀口尺（500 mm）、注射器（0 ~ 100 mL）、量筒（50 ~ 500 mL）、厚薄规

二、发动机缸盖测量及燃烧室检测操作步骤

操作步骤	示意图	备注
1. 清洁缸盖		方法： 用铲刀将缸盖下平面的杂物去除，并用抹布擦干净 注意事项： 用铲刀时不要刮伤缸盖平面
2. 纵向测量缸盖下平面平面度		方法： 将刀口尺平放在下平面上，用厚薄规测量刀口尺与下平面之间的间隙 注意事项： 缸盖需放置在水平面上
3. 对角测量缸盖下平面平面度		方法： 将刀口尺平放在下平面上，用厚薄规测量刀口尺与下平面之间的间隙 注意事项： 缸盖需放置在水平面上
4. 横向测量缸盖下平面平面度		方法： 将刀口尺平放在下平面上，用厚薄规测量刀口尺与下平面之间的间隙 注意事项： 缸盖需放置在水平面上

续表

操作步骤	示意图	备注
5.安装火花塞	火花塞	方法： 用专用工具进行安装
6.进、排气门安装	气门	注意事项： 进、排气门都需安装
7.安装平板玻璃		注意事项： 平板玻璃需平放在缸盖上
8.燃烧室内加注混合液		方法： 用注射器将液混合液加注到燃烧室内 注意事项： 使用80%的煤油和20%的机油的混合液

续表

操作步骤	示意图	备注
9. 观察加注的液面情况		说明： 满至与平板玻璃相接触 注意事项： 火花塞和气门都要求完全密封
10. 吸干燃烧室内的混合液		注意事项： 将燃烧室内的所有混合液体全部吸干
11. 将混合液全部加注到量筒内		注意事项： 量筒需水平放置在桌面上
12. 读取液面高度		注意事项： 用眼睛平视液面高度，读取数据

考核项目

1.考核要求

(1)文明、规范地操作;

(2)按程序完成工作项目;

(3)能熟练运用量具测量。

2.考核评定

气缸盖测量检修考核评分表

编号		姓名		工位		
序号	考核内容	配分	评分标准	考核记录	扣分	得分
1	正确使用工、量具	10	工、量具使用不当,一次扣2分			
2	检查气缸盖的变形	25	检查方法不正确,一次扣5分			
			检查结果不正确,一次扣10分			
	修理气缸结合面(口述)	20	错一次扣5分			
	燃烧室的检查	25	方法不对,一次扣5分			
			结果不对,一次扣10分			
3	整理工具、清理场地	10	每项扣2分,扣完为止			
	安全生产方面		因操作不当,造成重大事故,本考核项目记0分			
4	操作时间	10	操作时间为20 min,超时1 min扣2分			
5	分数合计	100	总得分			

评分人:　　　　　　　　　　　　　　　　　　　　　年　　月　　日

附表

气缸盖平面度测量作业表

位置号	测量点 1	测量点 2	测量点 3	测量点 4	测量点 5	平面度
纵向 1						
纵向 2						
横向 1						
横向 2						
对角线 1						
对角线 2						

项目十一　活塞连杆拆装及校正

【项目说明】

本项目是对活塞连杆进行拆装，以及对连杆变形进行检测并校正，通过该项目可以熟悉活塞连杆结构及简单的检修。

【学习目标】

1. 掌握活塞连杆组的作用、结构、工作原理；

2. 掌握活塞连杆组的拆装工艺；

3. 掌握活塞连杆组各零件的相互连接关系及其装配要领；

4. 掌握活塞连杆的外观检验方法；

5. 掌握连杆弯曲，扭曲及弯曲变形并存的检验方法及校正方法。

【项目内容】

1. 所需设备及工具；

2. 活塞连杆拆装操作步骤；

3. 活塞连杆变形检测校正操作步骤。

一、所需设备及工具

名称	示意图	备注
设备		连杆校验器、塞尺、台虎钳等

续表

	示意图	备注
工具		从左至右：活塞连杆组、铜铳、活塞环装卸钳、卡环钳、棘轮扳手及14号套筒、榔头、机油

二、活塞连杆拆装操作步骤

操作步骤	示意图	备注
1.拆卸活塞环		方法： 用活塞装卸钳取出活塞环 注意事项： 平稳地取出
2.取出活塞销卡环		方法： 用卡环钳拆卸卡环 注意事项： 平稳地取出
3.取出活塞销		方法： 用铜铳对准活塞销，用榔头敲出 注意事项： 用力适度

续表

操作步骤	示意图	备注
4.清洗活塞销		方法： 用刷子清洁活塞销
5.检查连杆衬套		方法： 目测其表面有无磨损、变形 注意事项： 若有需要则更换
6.加热活塞		方法： 将活塞放入热水中，利用热胀原理，使活塞膨胀增大 注意事项： 加热至80℃
7.安装活塞销		方法： 将活塞销抹油，用拇指力量将活塞销推入活塞，并继续推入连杆衬套，直至推到活塞另一端销孔边缘 注意事项： 活塞销端面与活塞销卡环槽的内端面应平齐，且用力应适度

续表

操作步骤	示意图	备注
8. 安装活塞销卡环		方法： 用卡环钳装入卡环 注意事项： 用力适度
9. 核对活塞连杆记号		注意事项： 若无标记，需在拆卸之前标记
10. 核对活塞朝前记号		注意事项： 若无标记，需在拆卸之前标记

三、活塞连杆变形检测校正操作步骤

操作步骤	示意图	备注
1. 拆卸活塞连杆固定螺栓		方法： 将活塞连杆固定在台虎钳上，用扳手松动并取出活塞连杆盖螺栓 注意事项： 用力适度

续表

操作步骤	示意图	备注
2.清洁活塞连杆		方法： 用布擦净活塞连杆盖杂质
3.清洁活塞销		方法： 用布擦净活塞销表面杂质
4.将活塞销装入连杆中		方法： 用大拇指将活塞销推入 注意事项： 力度均匀，推至规定位置
5.将连杆固定在连杆校验器上		方法： 将连杆大头装在校验器横轴上，拧动调整螺母，使定心块向外扩张

续表

操作步骤	示意图	备注
6. 调整定位调整螺母		方法： 旋转定位调整螺母，使其表面紧靠连杆大头端面
7. 安装小角铁		方法： 将小角铁下移，使低平面与活塞销接触，拧紧固定螺钉 注意事项： 需将活塞销紧靠在连杆校验器端面上
8. 调整小角铁		方法： 滚动检全器钢珠，观察小角铁上3个测点与检验平板的接触情况
9. 目测弯曲情况		方法： 将小角铁放在活塞销上进行目测 说明： 若小角铁上3个测点中、下面2个测点与平板接触而上测点与平板不接触，则表明连杆发生了弯曲

续表

操作步骤	示意图	备注
10.检测弯曲		方法： 观察小角铁和活塞销接触情况，即可检查出连杆弯曲的方向和程度 说明： 连杆上、下承孔轴线应在同一平面内，其平行度误差为每100 mm长度不大于0.03 mm
11.检测扭曲（左）		方法： 在检查弯曲的基础上，观察接触情形，即可查出连杆扭曲的方向和程度 说明： 在与连杆大小头中心线的相互垂直平面上，其平行度误差为每100 mm长度一般不大于0.06 mm
12.检测扭曲（右）		说明： 在与连杆大小头中心线的相互垂直平面上，其平行度误差为每100 mm长度一般不大于0.06 mm，且以同样方法将连杆翻一个面进行测量
13.校正连杆扭曲		方法： 将连杆固定在台虎钳上，用扳钳校正 注意事项： 1.安装扳钳应尽量靠近连杆的两端，并注意其扭转方向； 2.在校正扭曲变形较大的连杆时，校正后需进行稳定处理

续表

操作步骤	示意图	备注
14.校正连杆弯曲		方法: 将连杆固定在台虎钳上,用压具进行弯曲校正 注意事项: 1.使连杆弯曲的凸面背对架体; 2.在校正弯曲变形较大的连杆时,校正后需进行稳定处理

考核项目

1.考核要求

(1)能正确使用工量具;

(2)掌握活塞连杆拆装工艺;

(3)掌握连杆变形检测及校正工艺;

(4)规范、文明地操作。

2.考核评定

活塞连杆拆装及连杆校正考核评分表

编号			姓名		工位		
序号	考核内容	配分	评分标准	考核记录	扣分	得分	
1	工、量具的正确使用	10	工、量具使用错误扣10分				
2	活塞环和活塞销拆卸	10	拆卸活塞环错误扣5分				
			拆卸活塞销错误扣5分				
3	活塞连杆组件的装配	10	检查方法不当每处扣2分,检查结果不对扣5分				
4	检测连杆扭曲弯曲检测	20	检测弯曲错误扣10分				
			检测扭曲错误扣10分				
5	校正连杆扭曲弯曲校正	20	校正扭曲错误扣10分				
			校正弯曲错误扣10分				
6	整理工具,清理场地	10	每项扣2分,扣完为止				
7	安全生产方面	10	因操作不当,造成重大错误,本考核项目记0分				

续表

序号	考核内容	配分	评分标准	考核记录	扣分	得分
8	操作时间	10	操作时间为 20 min，超时 1 min 扣 2 分			
9	分数合计	100	总得分			

评分人： 年 月 日

项目十二　丰田卡罗拉保养

【项目说明】

本项目介绍了丰田卡罗拉轿车4万km保养的部分内容。

【学习目标】

1.熟悉保养有关的各种工具的使用；

2.掌握丰田保养的流程和方法。

【项目内容】

1.所需工具、设备和消耗品；

2.工作步骤。

一、所需工具、设备和消耗品

序号	名称	规格	数量	序号	名称	规格	数量
1	火花塞专用套筒	1	1	1	螺旋测微计	25 mm	1
2	套筒	12 号	1	2	游标卡尺	200 mm	1
3	套筒	14 号	1	3	钢尺		1
4	套筒	17 号	1	4	深度尺		1
5	套筒	19 号	1	5	胎压表		1
6	套筒	21 号	1	6	机滤扳手		1
7	套筒	22 号	1	7	传动带张紧计		1
8	梅花扳手	12 号	1	8	比重计		1
9	梅花扳手	14 号	1	消耗品			
10	梅花扳手	17 号	1	序号	名称	规格	数量
11	梅花扳手	19 号	1	1	机油	桶	1
12	梅花扳手	22 号	1	2	机滤	个	1
13	开口扳手	12 号	1	3	前挡风玻璃喷淋液	瓶	1
14	开口扳手	14 号	1	4	放油塞及衬垫	个	1
15	开口扳手	17 号	1	5	翼子板布	套	3

续表

序号	名称	规格	数量	序号	名称	规格	数量
16	开口扳手	19 号	1	6	手套	副	2
17	开口扳手	22 号	1	7	方向盘套、座套、脚垫	套	1
18	预制式扭矩扳手	100 N·m	1	8	空滤	个	1
19	预制式扭矩扳手	250 N·m	1	9	抹布	块	5
20	小扭矩扳手	20 N·m	1	设备			
21	风动扳手		1	序号	名称	规格	数量
22	中接杆	1/2 接头	1	1	举升机	台	1
23	长接杆	1/2 接头	1	2	工具车	辆	2
24	棘轮扳手	1/2 接头	1	3	工具台	个	1

名称	示意图	备注
工具的布置		图中所示为车辆保养所使用的部分工具

二、工作步骤

位置 1

操作步骤	示意图	备注
1. 车辆停放		方法： 1. 将车辆停入剪刀式举升机上； 2. 摆正位置 说明： 车辆位置摆放不正确会影响车辆顶置 注意事项： 车辆停放左右均匀，前后位置能使车辆平稳顶置

续表

操作步骤	示意图	备注
2. 安装车轮挡块		方法： 将车轮挡块放在后轮前后，防止车辆移位 说明： 车辆在顶置过程中会移位 注意事项： 挡块要贴合轮胎
3. 安装尾气排放装置		方法： 1. 取下尾气排放装置； 2. 把尾气排放装置装入排气管，并插入一定深度 说明： 尾气排放装置在汽车运转过程中可能会脱落 注意事项： 防止尾气排放装置脱落
4. 拉起发动机舱盖释放杆		方法： 轻轻拉起发动机舱盖释放杆，舱盖自动弹开 说明： 为下一步工作做好准备 注意事项： 拉起时用力不宜过大，以免损坏拉手
5. 安装防护三件套		方法： 安装座椅套、方向盘套和地板垫 说明： 修理工进入驾驶室要进行操作，要保持驾驶室内清洁

续表

操作步骤	示意图	备注
6. 打开发动机舱盖		方法： 拉起舱盖，解除保险扣，打开发动机舱盖，并用支撑杆支撑
7. 安放防护装置		方法： 安装翼子板布及前格栅布 说明： 注意保护车辆油漆
8. 检查发动机舱内		方法： 检查发动机冷却液液位、发动机机油液位、制动液液位和喷洗液液位（如图所示检查喷洗液液位） 注意事项： 液位显示在 MAX 与 MIN 中间，靠近 MAX 为正常，从中可以反映出汽车原来的工作状况
9. 检查小灯		方法： 方向盘下左侧开关为灯光开关，打开灯光开关第一挡为小灯 注意事项： 前后小灯同时点亮，牌照灯也点亮，此时仪表灯亮

续表

操作步骤	示意图	备注
10. 检查大灯		方法： 1. 灯光开关二挡为大灯，打开； 2. 远、近光可以通过灯光开关变换 注意事项： 远、近光不能同时点亮，远光灯有仪表指示灯
11. 检查转向灯		方法： 灯光开关下拨为左转向，上拨为右转向 注意事项： 前后转向灯同时点亮，仪表转向指示灯也同时点亮
12. 检查危险警告灯		方法： 打开危险警告灯开关"△"，所有转向灯点亮，表示出现危险情况 注意事项： 灯亮时仪表转向指示灯都点亮，同时危险警告灯开关上的指灯也点亮
13. 检查制动灯		方法： 踩下制动踏板，制动灯点亮 注意事项： 制动灯与小灯是一个双丝灯泡，制动灯的功率大，小灯泡功率小，制动时两灯同时点亮

续表

操作步骤	示意图	备注
14. 检查倒车灯	倒车灯	方法： 踩下制动踏板，挂上倒挡 注意事项： 一定要踩下制动踏板，否则不能挂挡（R）
15. 检查前挡玻璃喷洗器、刮水器		方法： 方向盘右侧开关为雨刮器开关，上下拨动为刮水器挡位开关，往方向盘侧拨动为喷洗器开关 注意事项： 检查时应注意玻璃不能干刮，否则会损坏玻璃，注意喷水时刮水器联动、刮拭状况和回位情况
16. 检查方向盘与喇叭	喇叭按钮	方法： 左右、上下摆动方向盘检查方向盘的间隙与摆动，中间按钮为喇叭按钮 注意事项： 方向盘应无明显间隙和摆动；喇叭检查时，应边打方向边按喇叭
17. 检查方向盘的自由行程		方法： 在自由行程范围内轻轻转动方向盘，用直尺测量转过的行程 注意事项： 转动时用力不能过大，在测量过程中，发动机应正常工作

续表

操作步骤	示意图	备注
18. 驻车制动器及顶灯检查		方法： 按住驻车制动器按钮，放下制动器，拉起手制动，行程应在6~9格为正常，同时仪表指示灯应打开 注意事项： 拉起时用力不能过大
19. 检查制动器		方法： 1. 踩下制动踏板，检查踏板是否有反应灵敏、能否完全踩下、有无异常噪声、有无过度松动这类情况；踩住制动踏板，启动发动机，检查踏板是否有下沉的情况；熄火，踩数次踏板，踩住踏板检查高度是否变化； 2. 用直尺测量踏板高度及自由行程 注意事项： 测量时应测量从地板到踏板的高度(145.8~155.8 mm)及自由行程(1~6 mm)
20. 外部检查准备		方法： 打开行李箱盖，打开燃油箱盖，顶灯置于门"DOOR"挡，释放驻车制动拉杆 注意事项： 以上任何一步未完成，外部检查将无法进行
21. 检查各车门、门控灯		方法： 1. 关上车门，顶灯熄灭，打开车门，顶灯点亮； 2. 双手分别把住车门，上下、左右轻摇车门，检查车门、螺栓、螺母是否松动 注意事项： 不得猛推、硬拉

续表

操作步骤	示意图	备注
22. 座椅检查		方法： 双手分别护住座椅，左右、前后推动座椅，检查座椅的螺栓、螺母是否松动 注意事项： 需检查座椅前后移动与座椅靠背的转动
23. 安全带检查		方法： 以一定速度拉动安全带，安全带应锁止，缓拉安全带，安全带应能缓缓拉出，并检查锁止装置 注意事项： 用力不能过大
24. 检查油箱盖		方法： 检查油箱盖连接螺丝连接状况，及是否变形或损坏 注意事项： 写检查扭矩限制器时，用力不能太大
25. 检查车辆后部备胎		方法： 取出备胎，检查备胎的钢圈、轮辋、轮胎、轮胎花纹深度（>1.6 mm）、轮胎气压（230 kPa）等状况 注意事项： 备胎气压要高于其他轮胎气压

续表

操作步骤	示意图	备注
26. 检查行李箱盖连接情况		方法： 双手扶住行李箱盖，左右轻摇，检查行李箱盖连接状况 注意事项： 检查时不得猛拉、猛推
27. 检查后部车灯安装		方法： 双手轻推后组合灯，检查安装、外部表面情况 注意事项： 组合灯为塑料件，用力不能太大
28. 检查后悬架及车辆倾斜度		方法： 1. 双手按住一侧后部车辆，下压看后减振器的阻尼情况，两侧方法相同； 2. 检查车辆倾斜度时，人立于车辆正后方，下蹲，眼睛与车顶平齐，看车辆左右高低情况，判断倾斜度 注意事项： 检查阻尼，用力不能太大，保护车辆不受伤害
29. 检查前部组合灯		方法： 双手扶摸、轻推前组合灯，检查前组合灯安装情况和有无受损变形与污垢 注意事项： 检查时用力要适度

续表

操作步骤	示意图	备注
30. 检查减振器阻尼状况		方法： 双手交替叠放，下压减振器上方及发动机舱盖与翼子板处，观察减振器阻尼情况 注意事项： 用力不能太大
31. 检查前部倾斜度		方法： 1. 检查人员立于车前，下蹲，双眼与车顶平齐； 2. 观察左右高低情况（拆除尾气排放装置） 注意事项： 人车应在同一直线上
32. 安装垫块		方法： 将垫块放置在车辆支撑点下方 注意事项： 将垫块放置在凸缘的正下方
33. 顶车		方法： 1. 微微顶起车辆，检查垫块位置； 2. 再顶起车辆，使轮胎刚悬空； 3. 双手轻推车辆，检查轮胎顶置是否牢靠 注意事项： 顶车时注意观察周围，不影响车辆上升

续表

操作步骤	示意图	备注
34. 检查车辆前部发动机舱盖		方法： 打开发动机舱盖，双手扶住舱盖，左右摇晃，检查发动机舱盖连接螺丝状况 注意事项： 摇晃时用力不能太大
35. 打开加机油口盖		方法： 1. 打开发动机加机油口盖，拉出油尺； 2. 以便使发动机机油排放 注意事项： 1. 机油打开时，要注意防止异物进入发动机； 2. 关舱盖时，在高度 20 cm 自由落下，不能用手压舱盖，以免舱盖变形
36. 整理工具		方法： 工具使用完需清洁归位

位置2

操作步骤	示意图	备注
1. 检查汽车发动机底部和放机油		方法： 1. 检查发动机各连接部、油封、排放塞是否漏油，传动带是否有变形、老化、磨损、裂纹、脱层等损坏； 2. 拧松排放塞放机油（放完油安装时需更换排放塞垫片，拧紧的力矩为 37 N·m） 注意事项： 放油时如果发动机温度较高要注意防止油液溅出
2. 检查驱动轴护套		方法： 一边转动轮胎一边检查驱动轴内外护套有无裂纹、损坏和泄漏 注意事项： 转动时手指不能伸入轮辋内，防止夹住受伤
3. 检查转向连接机构		方法： 1. 用手握住转向拉杆，上下、左右转动拉杆，检查转向球头是否松动，拉杆是否弯曲，防尘罩是否裂纹损坏； 2. 用扳手检查横拉杆端头锁止螺母松紧； 3. 扭力应为 74 N·m，与转向节连接螺丝力矩为 49 N·m 注意事项： 检查时，扳手应放到位，防止划出使手受伤

续表

操作步骤	示意图	备注
4.燃油管路、制动管路检查		方法： 从车辆前部到后部，目测制动管路、燃油管路是否变形、泄漏，制动管路是否有压痕、扭曲、裂纹和凸起等损坏 注意事项： 检查应从前到后，逆时针方向接一周检查，注意各个管路的接点
5.检查排气管和安装件		方法： 从车辆前部到后部检查排气管、消声器各吊挂、密封垫片是否损坏，排气管是否泄漏。排气管连接螺丝扭矩为43 N·m 注意事项： 检查时应戴上手套，防止被排气管烫伤
6.检查悬架		方法： 1.前轮检查时要检查转向节、下臂、稳定杆是否损坏，后桥检查拖臂是否损坏，4 个减振器要检查是否有损坏和漏油； 2.检查减振器弹簧是否损坏 注意事项： 检查时要手到、眼到，不得遗漏
7.检查底盘螺丝		方法： 1.用扭力扳手检查各个螺栓的力矩； 2.有些螺栓不能用扭力扳手时可用开口扳手检查，有些要 2 种工具配合使用 注意事项： 使用工具时要注意用拉力，以防划出使手受伤（各螺栓力矩参见相关资料）

续表

操作步骤	示意图	备注
8.整理工具		方法： 工具使用完需清洁并归位

位置 4

操作步骤	示意图	备注
1.检查车轮轴承		方法： 转动车轮，听轴承有无异响，转动是否良好，左右、上下摆动轮胎，检查轮胎是否松动 注意事项： 转动轮胎时手不可伸入轮辋内拨动轮胎，防止手指夹住受伤
2.拆轮胎		方法： 选择合适的套筒,用气动扳手,交叉对称均匀拧松 注意事项： 1.气动扳手使用时要注意旋转的方向和力的大小; 2.注意必须要均匀交叉对称拧松
3.检查轮胎		方法： 边转轮胎边检查轮胎胎面裂纹和损坏情况,检查轮辋有无损坏或被腐蚀 注意事项： 旋转时要注意安全

续表

操作步骤	示意图	备注
4.测量轮胎气压		方法： 用轮胎气压表测量气压(220 kPa) 注意事项： 测量气压后要检查气门芯及周围有无漏气
5.测量胎面沟槽深度		方法： 用轮胎深度尺测量沟槽深度 (>1.6 mm) 说明： 测量时尺一定要放平，否则会产生误差 注意事项： 应多点测量
6.拆前轮制动分泵		方法： 用扳手拧松分泵固定螺栓，拆下分泵，并用挂钩钩住 注意事项： 注意扳手的正确使用
7.拆下摩擦片		方法： 拆下摩擦片，并目测摩擦片的磨损情况 注意事项： 摩擦片不能用手直接触摸
8.测量摩擦片厚度		方法： 用直尺测量摩擦片的厚度，大于1 mm为正常 注意事项： 测量时要测多个点，以最小值作为参考

续表

操作步骤	示意图	备注
9. 检查制动盘		方法： 边转动制动盘，边检查制动盘磨损及损坏情况 说明： 测量时要进行多点测量 注意事项： 转动时不能有油沾在盘上，以防制动盘打滑
10. 千分尺校零		方法： 检查千分尺合格证，并校零 说明： 千分尺是精密仪器要注意使用 注意事项： 千分尺校零前应先清洁，校零时应微调
11. 测量制动盘厚度		方法： 清洁制动盘，用千分尺测量制动盘厚度，测 3 点以上，取最小值作为参考（>19 mm） 注意事项： 拧千分尺要用微调
12. 安装制动分泵		方法： 安装摩擦片，检查分泵是否漏油，安装制动分泵 注意事项： 安装摩擦片时在消音片上涂高温润滑脂

续表

操作步骤	示意图	备注
13. 紧固分泵固定螺丝		方法： 调整扭力扳手至 39 N·m，用扳手配合扭力扳手拧紧螺栓 注意事项： 使用扳手时，用力要适度，听到"咔哒"声，说明扭力已达到设定标准
14. 临时安装轮胎		方法： 双手抱起轮胎，手抱在胎冠上，对准螺孔 说明： 用手抱起轮胎时只能抱在胎面上，否则手有可能会受伤 注意事项： 双手不能抓在轮辋上，防止手被夹住受伤
15. 安装轮胎螺栓		方法： 用手带上轮胎螺栓 注意事项： 螺栓要交叉对称带上，均匀拧入
16. 轮胎螺栓入槽		方法： 1. 双手拉住轮胎，向外拉，使轮胎螺栓入槽； 2. 用轮胎扳手预紧 注意事项： 螺栓必须入槽，否则螺栓拧不到位，将导致螺栓拧不紧，并且使螺栓受损

续表

操作步骤	示意图	备注
17. 整理工具		方法： 工具使用完需清洁并归位

位置7

操作步骤	示意图	备注
1. 降举升机		方法： 1. 按"↑"开关解除保险； 2. 然后按"↓"开关降举升机 注意事项： 观察车辆周围情况，缓缓降下举升机
2. 拉起驻车制动器		方法： 朝箭头方向拉起驻车制动器 注意事项： 拉起时用力要适度
3. 装车轮挡块		方法： 将车轮挡块放在后轮前后，防止车辆移位 注意事项： 挡块要贴合轮胎

续表

操作步骤	示意图	备注
4. 加注发动机机油		方法： 打开加油口盖，加入 3.9 L 机油 注意事项： 加入的机油不能过多或过少，过多会造成发动烧机油，过少会使发动机损坏
5. 检查蓄电池		方法： 1. 检查蓄电池盒、端子有无损坏； 2. 端子导线有无松动 注意事项： 检查导线时不能硬拉、硬拽，防止线头脱落
6. 检电解液液面高度		方法： 可看外壳刻线与打开通风口塞，直接观察液面高低 说明： 1. 蓄电池液面过低会影响蓄电池使用寿命； 2. 液面过高则会导致充电时电解液溅出 注意事项： 液面高度为 10～15 mm 属正常
7. 检查通风孔塞		方法： 检查通风孔塞是否损坏，孔是否堵塞 注意事项： 通风孔塞应畅通

续表

操作步骤	示意图	备注
8. 测量电解液密度		方法： 用电解液密度计测量电解液密度 注意事项： 1. 测量时眼睛要平视刻度； 2. 注意电解液的正确使用； 3. 测量应在加补充液之前； 4. 密度应在 $1.25 \sim 1.30$ g/cm^3 之间
9. 检查制动总泵和制动管路		方法： 检查制动总泵，包括入液面（贮液罐）、制动总泵、制动管路有无漏油、损坏及安装情况 注意事项： 检量时用目测
10. 检查并更换空气滤芯		方法： 1. 打开空气滤芯的卡扣； 2. 取出空气滤清器； 3. 安装新的滤清器 注意事项： 更换滤清要注意滤清器的安装方向
11. 检查减振器上支承		方法： 用梅花开口扳手，检查上支承固定螺丝是否松动 注意事项： 注意力的大小、方向和力的幅度

续表

操作步骤	示意图	备注
12. 喷洗液液位检查		方法： 目测检查
13. 起动发动机，拧紧轮胎		方法： 在发动机起动期间，用扭力扳手拧紧轮胎螺丝 注意事项： 1. 轮胎螺丝力矩为 103 N·m； 2. 听到"咔哒"声，说明力矩已达到设定标准
14. 检查散热器		方法： 目测热器、散热器盖、橡胶管有无漏水、松动，夹箍是否安装到位 注意事项： 1. 发动机发动期间，注意防护； 2. 散热器风扇随时会转动，会伤手
15. 检查自动传动桥液位		方法： 踩下制动踏板，循环挂挡，检查液位 注意事项： 注意温度，判断是冷态还是热态正常

续表

操作步骤	示意图	备注
16. 检查空调		方法： 1. 打开 A/C 开关，将风速调至最大，挡位调至最高，打开车门； 2. 从发动机舱观察透视孔处有无气泡 注意事项： 检查时要求空调已开始制冷，才能判断
17. 发动机停机复查机油		方法： 通过油尺检查机油，机油应在 2 个刻度中上处为正常 注意事项： 复查机油应在停机 5 min 后检查
18. 检查冷却液液面		方法： 目测冷却液贮液罐是否正常 注意事项： 1. 检查时严禁打开冷却液贮液罐盖； 2. 冷却液在热态压力很高，容易冲出伤人

位置 8

　　再次确认所检查的零部件及更换零部件后机油的渗漏情况，并复查发动机机油以及制动液液面等。

位置 9

　　拆卸翼子板布和前罩护垫，调整收音机、时钟和座椅位置，外部、内部均应清洁、整理，拆去三件套等，再次检查工具情况。

考核项目

1. 考核要求

(1) 能正确使用工、量具；

(2) 操作步骤正确，动作规范；

(3) 技术参数应符合维修技术标准；

(4) 符合安全文明生产的要求。

2. 考核评定

汽车保养考核评分表

编号				姓名			工位		
序号		考核内容	配分		评分标准		考核记录	扣分	得分
1	保养前准备	车辆保养前工具准备	10		工具准备不当扣5分				
		车辆保养前检查			不检查扣5分				
2	位置1	项目检查	10		每漏一项扣0.5分				
		车辆顶置			顶置位置不正确扣5分				
3	位置3	放机油、拆机油滤清器，更换排放塞	10		漏做一项扣5分				
		底盘螺栓紧固及报公斤数	15		每漏一项扣0.5分				
		底盘检查项目	5		每漏一项扣0.5分				
4	位置4	前轮拆装	2		拆装方法选取不当扣2分				
		前轮分泵拆装	2		拆装方法不当扣2分				
		轮胎分泵检查	4		每漏一项扣0.5分				
5	位置7	加注机油	5		漏做扣5分				
		发动机舱检查	5		每漏一项扣0.5分				
6	位置8	复查项目	2		漏做一项扣1分				
7	位置9	清洁、整理工具	2		漏做一项扣1分				
8	安全生产	正确使用工、量具	4		工、量具使用一次扣2分				
		工具或零件跌落	4		每次扣1分				
		发生安全、人身伤害等重大事故	20		本考核项目记为0分				
9	按时完成	计时操作，操作时间为35 min，时间到停止操作	5		提前完成每1 min加1分，最多加5分				
10		分数合计	100		总得分				

评分人：　　　　　　　　　　　　　　　　　年　　月　　日

项目十三　大灯、防雾灯的线路连接

【项目说明】

本项目介绍大灯及防雾灯的线路连接。

【学习目标】

1. 熟悉大灯、防雾灯连接结构；

2. 掌握汽车大灯、防雾灯的线路连接。

【项目内容】

1. 所需设备及工具；

2. 操作步骤。

一、所需设备及工具

名称	示意图	备注
设备		大灯、防雾灯台架板一台
工具		十字起和 10 号扳手

二、操作过程

操作步骤	示意图	备注
1.防雾灯线路连接（一）		方法： 电源线连接到保险丝，再连接到电流表正极 注意事项： 连接线路时切不可搭铁
2.防雾灯线路连接（二）	雾灯开关　一挡　电流表负极	方法： 从电流表负极连出到点火开关正极，通过点火开关一挡连到防雾灯开关
3.防雾灯线路连接（三）		方法： 从防雾灯开关连出到保险丝，再到 2 个雾灯保险丝
4.防雾灯线路连接（四）		方法： 在经过保险丝之后与防雾灯相连接

续表

操作步骤	示意图	备注
5.试验		方法： 连接完毕后进行试验
6.连接大灯线路（一）连接开关装置	 继电器　　　大灯开关	方法： 连接电源，经过电流表之后到点火开关及继电器触点开关，通过点火开关一挡到大灯开关，经过大灯开关之后到继电器线圈，然后再搭铁
7.连接大灯线路（二）连接变光开关	 变光开关	方法： 将线束从继电器开关出来连到大灯变光开光
8.连接大灯线路（三）连接远、近光线束		方法： 将近、远线束从变光开光连至保险丝

续表

操作步骤	示意图	备注
9. 连接远光线束		方法： 将远光线束分别连接到大灯远光
10. 连接近光线束		方法： 将近光线束分别连接到大灯近光
11. 大灯远、近光连接完毕		
12 进行大灯远、近光试验		方法： 打开点火开关一挡，打开大灯开关，按下变光开光对远近光进行试验

考核项目

1. 考核要求

(1)文明、规范地操作,工具运用方法正确;

(2)能根据电路图将大灯线路正确连接。

2. 考核评定

大灯防雾灯的线路连接考核评分表

编号			姓名		工位		
序号	考核内容	配分	评分标准	考核记录	扣分	得分	
1	正确使用工具	10	工具使用出现错误每次扣2分				
2	线路连接过程	40	每出现一次连接错误扣5分				
3	连接完毕后试验	10	未经试验扣5分				
4	口述线路连接	10	口述错误一次扣2分				
5	安全、文明地操作	10	不文明操作扣10分,因违反安全操作规程发生事故者,本考核项目记0分				
6	整理、清洁工具、场地	10	未清洁、整理每项扣2分				
7	操作时间	10	操作时间为20 min,超时1 min扣2分				
8	分数合计	100	总得分				

评分人: 年   月   日

知识链接

线路连接图如下

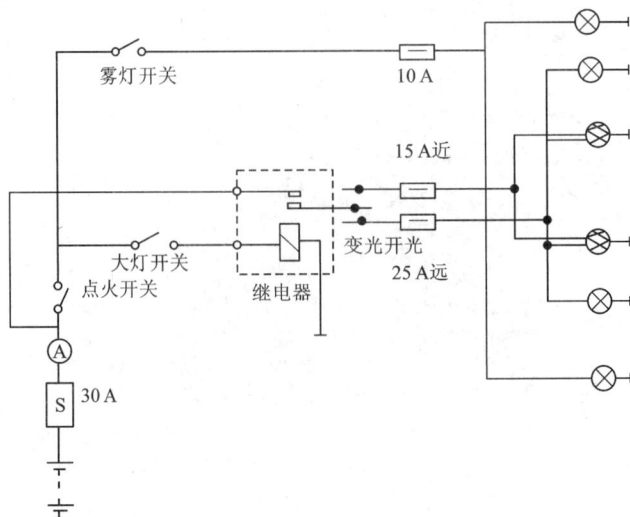

项目十四　气缸压力测量与分析

【项目说明】

本项目对桑塔纳 GLi 汽车气缸压力进行检测，以分析判断气缸压力是否正常。

【学习目标】

1. 掌握气缸压力检测方法；

2. 掌握气缸压力表的使用方法；

3. 能对检测结果进行判断，并能分析故障原因。

【项目内容】

1. 所需设备及工、量具；

2. 气缸压力测量操作步骤。

一、所需设备及工、量具

名称	示意图	备注
设备		桑塔纳 GLi 乘用车
工、量具		从左到右：缸线钳、火花塞套筒、缸压表、吹枪、万用表、磁铁吸棒

二、气缸压力测量操作步骤

操作步骤	示意图	备注
1. 准备车辆		方法： 1.检查机油、冷却液、蓄电池电压是否符合起动要求； 2.起动发动机，使水温达75℃以上，然后熄火
2. 检查蓄电池电压		方法： 起动发动机，用万用表测量蓄电池启动电压 说明： 测量值应大于8 V
3. 拔出中央高压线并搭铁		方法： 把分电器中央高压线拔下，并可靠搭铁，防止电击损坏电子元件或微机
4. 拔出分缸线		方法： 用缸线钳拔出所有分缸线 注意事项： 缸线钳应夹在分缸线头部，将分缸线从火花塞上缓慢旋出

续表

操作步骤	示意图	备注
5.清洁		方法： 用压缩空气吹净火花塞附近的灰尘、杂物 注意事项： 带好防护眼镜
6.卸下火花塞		方法： 用火花塞专用套筒卸下所有火花塞 注意事项： 防止异物掉入气缸
7.安装缸压表		方法： 把缸压表的橡胶接头插在被测缸的火花塞孔内 注意事项： 橡胶接头上接触面应涂上适量机油，缸压表要扶正、压紧，注意人身安全
8.起动发动机		方法： 油门踩到底，使节气门全开，然后用起动机转动曲轴 3～5 s（不小于4个压缩行程）

续表

操作步骤	示意图	备注
9. 记下压力表读数		方法： 1. 取下缸压表，记下读数（如图中读数为1.08 MPa）； 2. 按下放气阀按钮使缸压表指针指回0 MPa； 3. 按上述方法依次测量各缸，每缸测量3次，并记录
10. 填写工作单，装复、清洁、整理		说明： 1. 将测得的数据填入表格； 2. 分析数据； 3. 清洁、整理设备、工具及量具

考核项目

1. 考核要求

(1) 判断气缸压力是否符合技术标准；

(2) 能根据气缸压力分析故障的原因。

2. 考核评定

气缸压力测量和分析考核评分表

编号		姓名			工位		
序号	考核内容	配分	评分标准		考核记录	扣分	得分
1	正确使用工、量具	10	每错一处扣2分				
2	拆除全部火花塞或喷油器及空气滤清器	10	操作方法不对扣10分				
			操作不熟练扣5分				
3	检验气缸压力表	10	检验方法不正确扣10分				

编号			姓名		工位	
4	逐缸测量气缸压力	30	测量方法不正确扣10分			
			读取值不正确每次扣10分			
			每漏测一项扣10分			
5	测完一次后,再复检一次	10	检查方法不正确扣10分			
6	复检取其平均值	10	检查结果不正确扣10分			
7	整理工具,清理场地	10	每错一处扣2分,扣完为止			
	安全生产方面		因操作不当,发生重大事故,本考核项目记0分			
8	操作时间	10	要求20 min内完成,超出1 min扣2分			
9	分数合计	100	总得分	·		

评分人：　　　　　　　　　　　　　　　　　　　　　　　年　　月　　日

附表

气缸压力实验报告

班级		姓名	
检测项目		主要检测仪器	

检测前待检车辆的准备及仪器的准备	1.
	2.
	3.
	4.
	5.
	6.

检测数据/kPa	缸号	1缸	2缸	3缸	4缸
	第一次				
	第二次				
	第三次				
	平均值				

续表

检测结果	平均压力：	各缸压力差：

原因分析：

报告人：　　　　　日期：

项目十五　本田自动变速器拆装检测

【项目说明】

本项目通过对本田自动变速器主要零部件的检修，掌握自动变速器的拆装方法，熟悉各挡位的传递路线。

【学习目标】

1. 掌握自动变速器传动部分的拆装工艺及要领；

2. 掌握自动变速器传动部分主要零部件的检修方法；

3. 熟悉自动变速器各挡位传递路线。

【项目内容】

1. 所需设备及工具；

2. 本田自动变速器拆装检修步骤。

一、所需设备及工具

名称	示意图	备注
设备		广州本田轿车自动变速器一台（已拆除附件）
工具		从左到右：抹布、钢丝、一字螺丝刀、卡环钳、油盘、刷子

二、本田自动变速器拆装检修步骤

操作步骤	示意图	备注
1.拆下二挡齿轮和倒挡齿轮		方法： 用手取下二挡齿轮和倒挡齿轮 注意事项： 齿轮不要碰撞、掉落，以免损坏
2.拆换挡拨叉固定螺栓		方法： 用 10 号顶杆取下换挡拨叉固定螺栓
3.取下换挡拨叉及倒挡结合套		方法： 取下换挡拨叉及倒挡结合套
4.取出倒挡结合套轴套		方法： 取出倒挡结合套轴套

续表

操作步骤	示意图	备注
5.取出四挡齿轮		方法： 取出四挡齿轮
6.取下主轴总成		方法： 取下主轴总成，小心地放到拆装台上 注意事项： 在拆卸过程中保证主轴总成不散开而掉落
7.取下副轴总成		方法： 从变速器箱体上取下副轴总成
8.取下中间轴总成		方法： 从变速器箱体上取下中间轴总成

续表

操作步骤	示意图	备注
9.分解主轴（一）		方法： 用钢丝取下弹簧卡环
10.分解主轴（二）		方法： 拆下止推垫圈、止推滚针轴承
11.分解主轴（三）		方法： 依次拆下四挡齿轮、滚针轴承、止推滚针轴承、四挡齿轮轴肩
12.分解主轴（四）		方法： 拆下三挡、四挡离合器

续表

操作步骤	示意图	备注
13.分解主轴 （五）		方法： 依次拆下止推滚针轴承、三挡齿轮、滚针轴承、止推滚针轴承、止推垫片（顺序为从右到左） 注意事项： 拆下零件按拆卸顺序放好
14.分解离合器		方法： 1.用"一"字螺丝刀拆下离合器卡环； 2.取下离合器钢片、摩擦片
15.清洁摩擦片、钢片		方法： 用刷子蘸汽油清洁钢片、摩擦片
16.检查摩擦片、钢片		说明： 1.检查摩擦片有无烧焦、表面剥落、磨损过度或者翘曲变形，若有，则需更换摩擦片； 2.检查钢片是否平整，可放在平板上用塞尺检查，平面度不大于0.1 mm。若有弯曲，则需更换

续表

操作步骤	示意图	备注
17. 检查离合器间隙		方法： 用塞尺测量离合器摩擦片与钢片间隙
18. 清洁、检查主轴		方法： 1. 检查副轴上花键有无过度磨损和损坏； 2. 检查轴承表面有无擦伤刮痕及过度磨损； 3. 检查 O 型圈(一般需更换)； 4. 用压缩空气吹轴孔，防止堵塞
19. 清洁、检查副轴		方法： 检查滚针轴承有无变形，滚针有无缺少、磨损
20. 清洁、检查零件		方法： 用刷子蘸汽油清洗所有零件

续表

操作步骤	示意图	备注
21. 润滑零件		方法： 用手指蘸润滑油润滑齿轮 说明： 此步骤在安装零件前进行
22. 分解副轴（一）		方法： 拆下垫圈、止推滚针轴承
23. 分解副轴（二）		方法： 拆下二挡齿轮、滚针轴承、止推滚针轴承、止推垫片
24. 分解副轴（三）		方法： 拆下一挡、二挡离合器总成

续表

操作步骤	示意图	备注
25. 分解副轴（四）		方法： 用卡环钳取出副轴下部的弹簧卡环
26. 分解副轴（五）		方法： 拆下开口销座圈、开口销、花键垫圈
27. 分解副轴（六）		方法： 拆下一挡齿轮、滚针轴承
28. 分解中间轴（一）		方法： 拆下弹簧卡环、开口销座、开口销

续表

操作步骤	示意图	备注
29. 分解中间轴（二）		方法： 拆下定距隔套
30. 分解中间轴（三）		方法： 将中间轴抽出
31. 分解中间轴（四）		方法： 拆下三挡齿轮、止推滚针轴承
32. 分解中间轴（五）		方法： 拆下一挡、三挡离合器

续表

操作步骤	示意图	备注
33. 分解中间轴（六）		方法： 拆下一挡齿轮、滚针轴承、止推滚针轴承、一挡齿轮轴肩（从左到右）
34. 装复、清洁整理工具、整理场地		方法： 按分解的逆顺序安装自动变速器零部件 注意事项： 安装前，各部件应检查、润滑。安装完成后，各轴应能正常转动

考核项目

1. 考核要求

（1）能够熟练拆装自动变速器；

（2）能按要求正确检修主要零部件。

2. 考核评定

本田自动变速器拆装检测考核评分表

编号		姓名		工位		
序号	考核内容	配分	评分标准	考核记录	扣分	得分
1	正确使用工、量具	10	每错一项扣2分			
2	主轴的分解	20	操作方法不对扣10分			
			操作不熟练扣5分			
3	中间轴的分解	20	操作方法不对扣10分			
			操作不熟练扣5分			

续表

序号	考核内容	配分	评分标准	考核记录	扣分	得分
4	副轴的分解	20	操作方法不对扣 10 分			
			操作不熟练扣 5 分			
5	主要零部件检修	10	检查方法不正确扣 5 分			
			修理方法不正确扣 5 分			
6	整理工具，清理场地	10	每错一处扣 2 分，扣完为止			
	安全生产方面		因操作不当，发生重大事故，本考核项目记 0 分			
7	操作时间	10	要求 30 min 内完成，超出 1 min 扣 2 分			
8	分数合计	100	总得分			

评分人：   年   月   日

项目十六　喷油嘴清洗

【项目说明】

本项目主要通过使用专用清洗工具，学习喷油嘴的清洗方法及认识喷油嘴的雾化状态。

【学习目标】

1. 学会使用专用工具清洗喷油嘴；

2. 掌握喷油嘴雾化情况的识别方法；

3. 能根据实际情况对喷油嘴进行清洗。

【项目内容】

1. 所需设备；

2. 操作步骤。

一、所需设备

名称	示意图	备注
设备		左起：托架及随机专用工具、喷油嘴、清洗液、喷油嘴清洗机

二、操作步骤

操作步骤	示意图	备注
1.清洁设备及相关部件		方法： 清洁设备表面、汽油滤网、清洗液储液槽，并加注汽油 注意事项： 清洗时注意防止灰尘、杂物等落入汽油或清洗液槽中而影响实验效果
2.取下喷油嘴上油封		方法： 拆下喷油嘴上油封，检查油封情况 注意事项： 拆下油封后放置在统一位置，以防丢失
3.倒入喷油嘴清洗剂		方法： 加注喷油嘴清洗剂至正常液位 注意事项： 加注时注意液位不可过高，否则清洗喷油嘴时，对喷油嘴外层有腐蚀作用
4.清洗喷油嘴外侧		方法： 用汽油或煤油彻底清洗喷油器外部脏污和碎屑

续表

操作步骤	示意图	备注
5.安放喷油嘴		方法： 将喷油嘴安放到清洗槽固定位置上，并接上线路 注意事项： 清洗液会腐蚀喷油嘴外层漆，为保证清洗液纯度，必须将喷油嘴针阀一端(小头)的漆去掉
6.打开电源开关		方法： 接通电源后打开电源开关
7.进行超声波清洗		方法： 使用超声波清洗喷油嘴 注意事项： 清洗时注意接线不可接触清洗液，以防被腐蚀
8.安装喷油嘴上油封		方法： 清洗完毕后安装完好或全新的喷油嘴油封

续表

操作步骤	示意图	备注
9. 安装喷油嘴		方法： 选取合适大小的喷油嘴接口安装到专用托架上，将喷油嘴安装到专用托架上
10. 安装垫片		方法： 选取相对喷油嘴口径大小合适的垫块安放在托架与喷油嘴之间
11. 安装紧固螺栓		方法： 拧紧左右紧固螺栓 注意事项： 注意两螺栓要同时拧紧，以防两侧压力不均匀导致喷油嘴密封不良
12. 安放喷油嘴		方法： 安放托架至正常位置 注意事项： 安放时注意两边销孔对正，为方便实验，使喷油嘴接线口一致朝外

续表

操作步骤	示意图	备注
13. 安装油管及接线		方法： 将油管和接线安装到托架及喷油嘴上
14. 检漏		方法： 使用选项键选择模式为检漏，按下启动键
15. 调节油压		方法： 调节油压控制旋钮，将油压调节至正常范围内
16. 测试雾化		方法： 按下雾化状态按钮，检查雾化情况，喷出的汽油应呈雾状，无明显可见的油滴和油流，且浓淡均匀，断油干脆，喷射前后不得有滴油现象，喷出的雾锥应无偏斜，锥角应符合规定

续表

操作步骤	示意图	备注
17. 测试低转速喷油情况（1800 r/min）		方法： 调节选项键选择 1800 r/min，按下启动键，观察低转速时的喷油情况（雾化情况、喷油油量等）
18. 测试高转速喷油情况（5600 r/min）		方法： 调节选项键选择 5600 r/min，按下启动键，观察高转速时的喷油情况（雾化情况、喷油油量等）
19. 空脉冲		方法： 调节选项键选择空脉冲，按下启动键，开始工作 注意事项： 若喷油嘴喷油异常或雾化不良，可使用空脉冲进行调试，并再次试验
20. 拆卸油管及喷油嘴		方法： 拆卸油管及喷油嘴，并放回原始位置 注意事项： 将压力表压力调低恢复为0

续表

操作步骤	示意图	备注
21. 将测试液回收，关紧阀门		方法： 将油池内的测试液通过泄油阀放回盛测试液的油桶，并关闭阀门，断开电源，清理工具台，将工具摆放整齐

考核项目

1. 考核要求

（1）熟练操作喷油嘴清洗机；

（2）掌握喷油嘴清洗的顺序及方法；

（3）能对喷油嘴喷射效果进行合理分析。

2. 考核评定

喷油嘴清洗考核评分表

编号		姓名			工位		
序号	考核内容	配分	评分标准	考核记录		扣分	得分
1	检测前准备	10	未做准备工作扣10分				
2	喷油嘴的拆卸、分解	12	喷油嘴上下密封圈等橡胶制品的拆除，无操作或操作不当扣3分				
3	喷油嘴喷油测试	18	高转速测试，操作错误扣6分				
			低转速测试，操作错误扣6分				
			雾化测试，操作错误扣6分				
4	喷油情况分析	10	对测试结果进行分析，包括喷油雾化情况、喷油量、锥角形成效果等，分析错误扣3分				

续表

序号	考核内容	配分	评分标准	考核记录	扣分	得分
5	清洗喷油嘴及调试	20	喷油嘴外部清洗，错误扣5分			
			喷油嘴内部清洗，错误扣10分			
			喷油嘴清洗后调试，未操作扣5分			
6	正确使用工、量具，操作现场整洁	20	操作错误每项扣2分，扣完为止			
	遵守安全操作规程，无人身、设备事故		发生重大安全、设备事故，本考核项目记0分			
7	操作时间	10	操作时间为30 min，超时1 min扣2分			
8	分数合计	100	总得分			

评分人： 年 月 日

项目十七　不充电故障诊断与排除

【项目说明】

本项目以大众普通桑塔纳为例，根据发电机电路检测不充电的原因，并运用万用表，查找故障部位。

【学习目标】

1. 了解发电机的结构及原理；

2. 熟悉桑塔纳车充电电路线路；

3. 掌握如何判断充电系统故障。

【项目内容】

1. 所需设备及工具；

2. 操作步骤。

一、所需设备及工具

名称	示意图	备注
设备		桑塔纳轿车一辆
工具		左起： 万用表、十字起、13 号、22 号扳手

二、操作步骤

操作过程	示意图	备注
1.安装尾气排放装置		方法： 将尾气排放装置装入排气管
2.检查机油液位		方法： 检查机油液位，机油液位应达到标准刻度（在机油尺麻点处） 注意事项： 车辆应水平放置，发电机停机5 min后再次检查机油液位，装入机油尺时需装到位
3.检查电瓶电压	13.16 V	方法： 检查发动机不工作时蓄电池电压，应不低于11 V 注意事项： 检查完上面两步之后还需检查冷却液液位
4.检查充电线与蓄电池线路是否断路		方法： 用万用表通断挡测量 B_+ 接线头与蓄电池正极直接是否断路，正常电阻应该很小 注意事项： 测量时应特别注意别短路

续表

操作步骤	示意图	备注
5. 检查充电指示灯线路是否断路		方法： 用万用表通断挡测量 D，接线头与中间插头之间是否断路，正常电阻应该很小 注意事项： 在拔中间插头时应小心
6. 测量充电电压	13.11 V 负极 B.接线头	方法： 将车启动后，用万用表测量充电电压，正常应大于 13.8 V 注意事项： 启动中需注意安全，若此刻电压未达到正常电压，可能故障为发电机皮带打滑、碳刷过短或调节器故障等
7. 发电机皮带的调整（一）		方法： 用 13 号扳手将锁止螺栓松开 注意事项： 只需将锁止螺栓松开，切不要将其拧出
8. 发电机皮带调整（二）		方法： 用 22 号扳手对发电机皮带松紧度进行调整（用大拇指下压，压力为 30 ~ 40 N，其挠度应为 10 ~ 15 mm）

续表

操作步骤	示意图	备注
9. 发电机皮带调整(三)		方法： 将 22 号扳手固定住，然后用 13 号扳手将螺栓拧紧
10. 拆卸发电机调节器		方法： 用十字螺丝刀将调节器拆下 注意事项： 应在断电下进行
11. 测量碳刷的长度	 5 mm	方法： 用直尺测量碳刷的长度，正常电刷的外露长度一般不小于 7 mm，否则需更换
12. 复查充电电压		方法： 排故完毕之后，还要对发电机的充电电压进行测量，在启动状态时电压应大于 13.8 V

考核项目

1. 考核要求

(1) 文明、规范地操作,检测工具运用方法正确;

(2) 能图物对照,识读相关电路图;

(3) 能判断与分析故障部位;

(4) 对故障点进行修复并排除故障。

2. 考核评定

不充电故障诊断与排除考核评分表

编号		姓名		工位		
序号	考核内容	配分	评分标准	考核记录	扣分	得分
1	劳动用品穿戴	5	穿戴不全扣5分			
2	工具、量具、材料选用	5	缺一件扣1分,选错一件扣1分,扣完为止			
3	根据故障现象,分析故障原因,说出至少3种主要故障原因	20	故障确认不准确扣5~10分,分析原因不相关扣4~15分,每少说1项扣5分,扣完为止			
4	诊断故障	20	诊断方法错误扣5~10分,诊断步骤每错一步扣5~10分,诊断结果错误本题记0分			
5	排除故障	20	不能排除扣10分自制一处故障扣5分			
6	复查验证排除效果	5	验证方法不当扣1~5分,不进行验证扣5分			
7	工、量具使用	10	使用不正确扣1分,扣完为止,损坏工具、量具,本考核项目记0分			
8	清理、整理	5	少收一件工具、量具扣1分,扣完为止,未整理本题记0分			
9	操作时间	10	操作时间为30 min,超时1 min扣2分			
10	分数合计	100	总得分			

评分人:　　　　　　　　　　　　　　　　　　　　　　　年　　月　　日

项目十八　起动系统故障诊断

【项目说明】

本项目对桑塔纳 2000 轿车起动系统进行分析，并对常见故障进行诊断。

【学习目标】

1. 掌握起动系统电路图；

2. 掌握起动系统的工作机理；

3. 掌握起动机不工作、运转无力、空转和工作异响等故障的诊断方法。

【项目内容】

1. 所需设备及工、量具；

2. 起动系统简介；

3. 常见故障诊断。

一、所需设备及工、量具

名称	示意图	备注
设备		桑塔纳 2000 时代超人发动机实验台
工、量具		试灯、十字螺丝刀、万用表等

二、起动系统简介

	示意图	备注
1. 起动系统电路图		说明： A—蓄电池； B—起动机； C—交流发电机； D—点火开关； T2ah—2 针插头，在发动机内右侧前悬挂旁； T3a—3 针插头，在中央电器后面
2. 起动机端子		说明： 1—端子 30，接蓄电池； 2—端子 50，接点火开关； 3—C 端子，激磁线圈接柱

三、常见故障诊断检测

常见故障排除	示意图	备注
1. 起动机不转故障排除（一）检测起动电压		方法： 打开点火开关，用万用表检测蓄电池电压 说明： 正常时，起动电压应大于 8 V 注意事项： 若蓄电池极桩太脏，导线接头松动或因被氧化而接触不良均会导致起动机不转

续表

常见故障排除	示意图	备注
2.起动机不转故障排除(二)检查线路(1)		方法: 打开点火开关,用万用表检测点火开关的电压 说明: 1.正常时,此处电压应为蓄电池的电压; 2.此处线路连接顺序为蓄电池正极—中央线路板—点火开关—起动机端子50
3.起动机不转故障排除(三)检查线路(2)		方法: 用万用表检测起动端子30的电压 说明: 1.正常时,此处电压应为蓄电池的电压; 2.此处线路连接顺序为蓄电池正极—起动端子30; 3.若线路正常,则应检查点火开关是否失灵
4.起动机不转故障排除(四)检查点火开关起动挡		方法: 用万用表检测点火开关各脚之间的线路的通断情况 说明: 若点火开关正常,则应检查电磁开关
5.起动机不转故障排除(五)检查电磁开关		方法: 1.用万用表检测电磁开关端子50与搭铁间的电阻(若有电阻则说明保持线圈良好,电阻为<0.5 Ω则表示短路,电阻无穷大则表示断路) 2.检测端子C与端子50之间的电阻(若有电阻则说明吸拉线圈良好,电阻为<0.5 Ω则表示短路,电阻无穷大则表示断路) 说明: 若电磁开关无故障,则应检查电动机

续表

常见故障排除	示意图	备注
6.起动机不转故障排除(六)检查电动机		方法: 从车上拆下起动机,然后检查电刷、电枢轴、轴承、换向器、电枢绕阻等主要部件 可能的原因: 1.电枢轴弯曲或轴承过紧; 2.换向器烧坏; 3.电刷磨损过多; 4.电枢绕阻断路等
7.起动机运转无力故障排除(一)检查蓄电池		方法: 打开点火开关,用万用表检测蓄电池电压 说明: 正常时,起动电压应大于8 V
8.起动机运转无力故障排除(二)检查线路		方法: 用试灯检测线路通断情况 说明: 若起动机电路接头松动、脏污或接触不良均会导致起动机不转
9.起动机运转无力故障排除(三)检查起动机内部		方法: 从车上拆下起动机,检查电刷、电枢轴、轴承、换向器、电枢绕阻等主要部件 可能的原因: 1.电枢绕阻局部短路,使起动机功率下降; 2.电刷磨损过多; 3.电磁开关线圈局部短路; 4.起动机轴承过紧,转动阻力过大等

续表

常见故障排除	示意图	备注
10.起动机运转空转故障排除		方法： 从车上拆下起动机，检查飞轮齿圈、单向离合器、电磁开关铁芯等主要部件 可能的原因： 1.飞轮齿圈磨损过甚或损坏； 2.单向离合器失效打滑； 3.电磁开关行程太短等
11.起动机撞击异响故障排除		方法： 用扳手检查起动机的固定螺母 说明： 若固定螺母正常，则应拆下起动机检查驱动齿轮与飞轮齿圈是否损坏
12.起动发动机，验证故障排除效果		方法： 打开点火开关，观察起动系统工作情况

考核项目

1.考核要求

（1）文明、规范地操作，工具运用方法正确；

（2）能检查和判断起动机不工作、运转无力、空转和工作异响等故障；

（3）按程序，在规定时间内完成工作项目。

2.考核评定

起动系统故障诊断考核评分表

编号			姓名		工位		
序号	考核内容	配分	评分标准	考核记录	扣分	得分
1	正确使用工具、仪表	10	工具、仪表使用不当，一次扣2分			
2	根据起动机工作故障现象分析故障原因	20	检查方法错误扣10分			
			检查结果错误扣10分			
3	找出故障部位	10	不确定故障部位扣10分			
4	排除起动机不起动、运转无力、空转、或异响等故障	30	不能排除扣30分			
			不能完全排除酌情扣分			
			新增一处故障扣10分			
5	验证故障排除效果	10	不验证扣10分			
6	整理工具、清理现场	10	每项扣2分，扣完为止			
	安全生产方面		发生安全事故，本考核项目记0分			
7	操作时间	10	操作时间为20 min，超时1 min扣2分			
8	分数合计	100	总得分			

评分人：　　　　　　　　　　　　　　　　　　　　年　　月　　日

项目十九　电控发动机的故障检测

【项目说明】

本项目利用金德 K81 解码器，对桑塔纳 2000 轿车发动机故障进行诊断检测。

【学习目标】

1. 掌握解码器正确使用方法；

3. 掌握正确的发动机基本数据；

3. 掌握电控发动机的故障分析与诊断方法。

【项目内容】

1. 所需设备及工具；

2. 操作步骤。

一、所需设备及工具

名称	示意图	备注
设备		桑塔纳 2000 时代超人发动机实验台
工具		从左至右：解码器、火花塞套筒、尖嘴钳、一字起子、十字起子、绝缘胶布、万用表、试灯等

二、操作步骤

操作步骤	示意图	备注
1.连接解码器		方法： 1.选择 OBDII 插头； 2.对准插座，注意正反； 3.在钥匙关闭的情况下连接
2.清除原始故障码		方法： 选择相应的车型，读取故障码后清除故障码 注意事项： 打开钥匙一挡，选择相应的车型
3.起动发动机		方法： 打开电源，转动钥匙 注意事项： 起动完毕后，及时松开钥匙 故障现象：无法起动
4.观察仪表显示		方法： 起动过程中，观察仪表 说明： 若喷油压力为 0 kPa，可能有以下故障： 1.油箱内没有燃油； 2.燃油泵不工作或泵油压力过低； 3.燃油管泄漏变形； 4.断路继电器断开； 5.燃油压力调节器工作不良； 6.燃油滤清器过脏

续表

操作步骤	示意图	备注
5.排除不能起动故障(一) 拔出转速传感器插头	 扣子	方法： 按住插头扣，往外拔 注意事项： 动作应协调，力度应合适 说明： 若转速传感器无转速信号输出则无法起动
6.排除不能起动故障(二) 测量两线之间是否短路		方法： 用万用表测量转速传感器线束端 2 号与 3 号脚之间是否短路，万用表显示无穷大为正常 注意事项： 应在关闭钥匙的情况下进行，选择合适的量程
7.排除不能起动故障(三) 测量单线是否搭铁		方法： 用万能表对其信号线与搭铁进行测量，正常应为断路，电阻很大 注意事项： 应在关闭钥匙的情况下进行
8.排除不能起动故障(四) 测量单线与ECU 端子是否断路	 T80/56	方法： 测量转速传感器信号线与 ECU之间的通断情况，正常电阻应<0.5 Ω 注意事项： 关闭钥匙情况下测量，找对信号线与 ECU 端子

续表

操作步骤	示意图	备注
9. 排除不能起动故障(五)起动发动机测量转速传感器信号输出		方法: 起动发动机,测量转速传感器元件的 2 号和 3 号脚交流电信号输出 注意事项: 万用表应选择合适的挡位及量程
10. 排除不能起动故障(六)检查点火模块插头	点火模块插头	注意事项: 检查插头是否损坏 点火系统出现故障的原因有: 1. 点火线圈工作不良,造成高压火花弱或没有高压火花; 2. 点火器故障; 3. 点火时间不正确等
11. 排除不能起动故障(七)测量点火模块的电源		方法: 打开点火钥匙,用万用表电压挡测量点火模块 2 号脚和搭铁之间的电压,正常应是蓄电池电压
12. 排除不能起动故障(八)测量点火模块信号线与 ECU 端子连接	T80/78　N152/3	方法: 用万用表电阻蜂鸣挡进行测量,正常电阻应 <0.5 Ω 注意事项: 1. 应在钥匙关闭的情况下进行; 2. 找对点火模块的信号线与 ECU 的端子

续表

操作步骤	示意图	备注
13.排除不能起动故障(九)检查点火模块搭铁线连接		方法: 用万用表电阻蜂鸣挡,对点火模块的4号脚与搭铁之间进行测量,正常电阻应<0.5 Ω 注意事项: 需在点火钥匙关闭的情况下进行
14.排除不能起动故障(十)认识燃油泵保险丝S5		说明: 保险丝盒第五号位置是燃油泵保险丝S5
15.排除不能起动故障(十一)认识燃油泵继电器(J17)		说明: 图中所指的是燃油泵继电器(J17)
16.排除不能起动故障(十二)认识保险丝S123		说明: 图中所指保险丝是喷油器、氧传感器、炭罐电磁阀等一些传感器的保险丝是S123

续表

操作步骤	示意图	备注
17. 排除运转不良故障(一) 认识霍尔传感器 G40		方法： 用手按住插头卡扣，以一定的力度往外拔 注意事项： 力度应适中 说明： 凸轮轴位置传感器采用的是霍尔传感器
18. 排除运转不良故障(二) 测量霍尔传感器信号线的电压		方法： 打开点火钥匙，测量 2 号脚与搭铁之间的电压，应为 12 V 左右 说明： 若无电压，则应检查传感器至发动机控制电脑之间的线路；若线路正常，则应检查 ECU
19. 排除运转不良故障(三) 检查霍尔传感器信号线与 ECU 之间是否断路		方法： 用万用表电阻蜂鸣挡，对霍尔传感器 2 号脚与进行测量，正常电阻应 <0.5 Ω 注意事项： 应关闭点火钥匙进行
20. 排除运转不良故障(四) 检查喷油器信号线与 ECU 之间的通断		方法： 用万用表电阻蜂鸣挡，对喷油器信号线与 ECU 端子进行测量，正常电阻应 <0.5 Ω 说明： 喷油器是电磁阀，若出现故障则不喷油或少喷油

续表

操作步骤	示意图	备注
21. 排除运转不良故障(五)测量喷油器电阻		方法： 用万用表电阻挡测量 说明： 喷油器的阻值应为 13～18 Ω
22. 排除运转不良故障(六)认识冷却液温度传感器		方法： 用手按住插头旁边，将其按下，然后以一定的力度拔出 注意事项： 力度应适中
23. 排除运转不良故障(七)测量冷却液温度传感器的元件电阻		方法： 用万用表电阻挡测量，选择合适的量程 说明： 冷却液温度传感器是负温度系数电阻，在低温条件下，电阻大，信号电压高，温度升高，电阻减小，电压降低
24. 排除运转不良故障(八)检查冷却液温度传感器与 ECU 之间是否断路		方法： 用万用表电阻蜂鸣挡，测量冷却液温度传感器与 ECU 端子间电阻，正常电阻应 <0.5 Ω

续表

操作步骤	示意图	备注
25. 排除运转不良故障（九）测量空气流量传感器线束	空气流量传感器插头	方法：用万用表测量空气流量传感器各针脚与ECU相应端子电阻
26. 排除运转不良故障（十）测量进气温度传感器的信号线		方法：打开点火钥匙一挡，用万用表电压挡测量进气温度传感器信号线与搭铁线之间的电压，正常为5 V

考核项目

1. 考核要求

（1）能正确使用解码器；

（2）能掌握正确的基本数据；

（3）能排除发动机故障；

（4）文明规范操作。

2. 考核评定

电控发动机的故障检测考核评分表

编号			姓名			工位		
序号	考核内容		配分	评分标准		考核记录	扣分	得分
1	劳动用品穿戴		5	穿戴不全扣5分				
2	正确选用工具、量具、材料		5	缺一件扣1分，选错一件扣1分，扣完为止				
3	根据故障现象，分析故障原因，到少说出3种主要故障原因		20	故障确认不准确扣5~10分，分析原因不相关扣4~15分，每少说1项扣5分，扣完为止				

续表

序号	考核内容	配分	评分标准	考核记录	扣分	得分
4	诊断故障	20	诊断方法错误扣 5 ~ 10 分，诊断步骤每错一步扣 5 ~ 10 分，诊断结果错误，本考核项目记 0 分			
5	排除故障	20	不能排除扣 15 分			
			自制一处故障扣 5 分			
6	验证排除效果	5	验证方法不当扣 1 ~ 5 分，不进行验证扣 5 分			
7	工具、量具正确使用	10	一种工具、量具使用不正确扣 1 分，扣完为止			
			损坏丢失一件工具、量具本考核项目记 0 分			
8	清理现场	5	少收一件工具、量具扣 1 分，扣完为止，未收回本考核项目记 0 分			
9	操作时间	10	操作时间为 20 min，超时 1 min 扣 2 分			
10	分数合计	100	总得分			

评分人：　　　　　　　　　　　　　　　　　　　　　年　　月　　日

知识链接

一、当电控发动机不能起动时，故障可能原因

1. 蓄电池电量不足；

2. 燃油供给系统油压低；

3. 配气系统漏气；

4. 转速传感器、曲轴位置传感器故障；

5. 水温传感器故障；

6. 点火系统故障；

7. 喷油系统故障；

8. 空气流量计、进气管真空传感器故障；

9. 燃油品质差；

10. ECU、防盗系统等搭铁不良。

二、当电控发动机起动困难时，故障可能原因

1. 进气管漏气；

2. 点火提前角不正确；

3. 高压火太弱；

4. 冷起动喷油器不工作；

5. 燃油压力太低；

6. 冷却温度传感器故障；

7. 空气滤清器堵塞；

8. 流量传感器故障；

9. 进气歧管压力传感器故障；

10. 喷油堵塞；

11. 排气管堵塞；

12. 发动机气压低。

三、当电控发动机怠速不良时，故障可能原因

1. 进气歧管或各种阀泄露；

2. 进气门和进气道积垢过多；

3. 怠速空气执行元件故障；

4. 进气量失准；

5. 喷油器故障；

6. 燃油压力故障；

7. 喷油量失准；

8. 点火模块与点火线圈故障；

9. 火花塞与高压线故障；

10. 点火提前角失准。

项目二十　桑塔纳 2000 型轿车
汽车钥匙匹配

【项目说明】

本项目运用 K81 解码器对桑塔纳 2000 型轿车进行钥匙匹配，从而介绍匹配汽车钥匙的技能。

【学习目标】

1. 掌握正确使用解码器；

2. 掌握钥匙匹配的正确流程；

3. 了解防系盗统的基本结构与工作原理。

【项目内容】

1. 所需设备及工、量具；

2. 解码器匹配汽车钥匙操作步骤。

一、所需设备及工、量具

名称	示意图	备注
设备		桑塔纳 2000 型轿车台架一台
工具		金德 K81 解码器、钥匙

二、解码器匹配汽车钥匙操作步骤

操作步骤	示意图	备注
1.查询密码		说明: 汽车密码一般在杂物箱内左侧,刮开黑漆纸后,可查找出4位密码。如密码丢失,可用仪器先查出14位字符,然后联系大众售后服务公司得到密码
2.连接仪器		方法: 1.将解码器连到设备上; 2.用钥匙打开点火开关 注意事项: 解码器接头在诊断器接口上插拔时要小心损坏
3.进入防盗钥匙匹配		方法: 1.打开解码器; 2.选择"汽车诊断"; 3.选择"故障测试"; 4.选择"中国车系"; 5.选择"按车型"; 6.选择"奥迪大众"; 7.选择"电子防盗"; 8.选择"防盗钥匙匹配"
4.输入密码		方法: 输入5位密码(将第一步中查得的4位数字前加"0"即为密码) 注意事项: 1.如提示密码错误,须重新输入正确密码; 2.如果连续2次输入密码错误,必须退出防盗系统,在点火开关打开的情况下等待30 min后方可再次进行操作

续表

操作步骤	示意图	备注
5.输入组号		方法： 输入组号"21"，按"F1"键确定
6.输入钥匙数		说明： 匹配钥匙数量可根据需要输入数字 0～8，屏幕上的"00001"表示已有 1 把合法钥匙储存。如需匹配 2 把钥匙，则输入"2"，并按"F1"键确定 注意事项： 如果输入"0"，表示全部钥匙都变为非法钥匙
7.第一把钥匙匹配完成		说明： 防盗警告灯熄灭，系统提示第一把钥匙匹配成功，说明第一把钥匙匹配成功；然后按提示开始第二把钥匙的匹配 注意事项： 匹配钥匙的操作过程必须在 30 s 内完成，否则无效，并且防盗警告灯闪亮
8.关闭点火开关		方法： 1.关闭点火开关； 2.拔出第一把匹配好的钥匙

续表

操作步骤	示意图	备注
9.匹配下一把钥匙		方法： 迅速插入下一把钥匙并打开点火开关，防盗警告灯亮2 s，然后熄灭0.5 s，再亮0.5 s后熄灭，表示钥匙匹配成功。 注意： 若操作过程中发现错误，如将已匹配好的钥匙再次进行匹配，则防盗警告灯闪亮报警
10.完成全部钥匙匹配		方法： 完成全部钥匙的匹配后，关闭点火开关，拆下解码器
11.试用匹配好的钥匙		说明： 1.用匹配好的钥匙打开点火开关，如果防盗警告灯亮2 s后熄灭，说明钥匙匹配成功； 2.如果防盗警告灯一直闪亮，说明钥匙匹配不成功，需重新匹配

考核项目

1.考核要求

(1)能够正确使用解码器进入汽车防盗系统；

(2)每把钥匙的匹配时间不能超过30 s。

2.考核评定

汽车钥匙匹配考核评分表

编号		姓名		工位		
序号	考核内容	配分	评分标准	考核记录	扣分	得分
1	正确使用解码器	30	操作方法不对，每处扣 10 分			
			操作不熟练扣 5 分			
2	匹配第一把钥匙	20	方法不正确扣 10 分			
			操作不熟练扣 10 分			
3	匹配第二把钥匙	20	方法不正确扣 10 分			
			操作不熟练扣 10 分			
4	试用匹配好的钥匙	10	方法不正确扣 10 分			
5	整理工具，清理场地	10	错一处扣 2 分，扣完为止			
	安全生产方面		因操作不当，发生重大事故，本考核项目记 0 分			
6	操作时间	10	要求 10 min 内完成，超出 1 min 扣 2 分			
7	分数合计	100	总得分			

评分人：　　　　　　　　　　　　　　　　　　年　　月　　日

项目二十一　尾气分析

【项目说明】

本项目以大众普桑为例，运用检测工具，对汽车进行尾气检测及分析。

【学习目标】

1. 了解尾气分析仪的使用；

2. 熟悉汽车尾气检测的过程；

3. 掌握怠速试验法的检测及分析。

【项目内容】

1. 所需设备；

2. 操作步骤。

一、所需设备

名称	示意图	备注
设备		尾气分析仪

二、操作步骤

操作步骤	示意图	备注
1.安装尾气排放装置		方法： 将尾气排放装置装入排气管 注意事项： 在安装之前需将汽车拉起手制动并拉紧
2.检查汽车进气系统		方法： 检查进气系统应装有空气滤清器，并不得有泄露
3.检查汽车排气系统		方法： 目测，必要时顶起车辆 注意事项： 检查排气系统应装有排气管及消声器，并不得有泄漏
4.检查汽车机油液位		方法： 检查机油液位，应达到标准，在机油尺麻点部分 注意事项： 1.必须在停机状态下检查； 2.汽油型号要符合发动机的要求

续表

操作步骤	示意图	备注
5.仪器准备：检查尾气分析管路		方法： 检查尾气分析仪管路部分应完好无泄露
6.安装取样探头的盖子		方法： 将取样探头的盖子装入取样探头 说明： 装此盖子目的是在仪器检漏时防止空气进入
7.仪器准备		方法： 打开电源开关 注意事项： 在需要时应在发动机上安装转速计、点火正时仪、冷却液和润滑油测温计等测试仪器源开关
8.对仪器预热、调零、检漏		方法： 将仪器进行预热 10 min，再调零及检漏

续表

操作步骤	示意图	备注
9. 仪器设置		方法： 将仪器测量方法设置成双怠速法
10. 设置额定转速		方法： 设置车辆的额定转速为 4000 r/min 说明： 不同车辆额定转速不同，在设置时需查找该车的额定转速
11. 使发动机在热状态下进行		方法： 将发动机由怠速工况加速至 70% 的额定转速，维持 60 s，一般使冷却液温度达到 60℃ 以上，油温达 40℃ 以上，并排除排气管内残余气体
12. 将转速降至高怠速		方法： 将转速降至 1/2 的额定转速（高怠速）

续表

操作步骤	示意图	备注
13.安装取样探头		方法： 将取样探头插入排气管中，深度为400 mm
14.锁止取样探头		方法： 将取样探头锁止并固定在排气管上
15.测量高怠速数据		方法： 保持转速1/2的额定转速运转15 s后开始读数，读取30 s内的最高值和最低值，其平均值即为测量结果 注意事项： 若为多排气管时，取各排气管测量结果的算术平均值
16.减速至怠速		方法： 将转速降至怠速，测量低怠速数据

续表

操作步骤	示意图	备注
17. 读取低怠速数据	车牌号码： 测量结果 ≈≈≈≈≈≈≈≈≈ CO : 0.03 % CO₂ : 0.14 % HC : 58 PPm NO : 34 PPm O₂ : 21.46 % λ : 74.41 油温 : 3.9 ℃ 转速 : 0 rpm 状态提示： 请保持怠速… 正在取样……38秒	方法： 发动机怠速运转15 s后开始读数，读取30 s内的最高值和最低值，其平均值即为测量结果 注意事项： 若为多排气管时，取各排气管测量结果的算术平均值
18. 测量完必进行查看	车牌号码： 测量完成 ≈≈≈≈≈≈≈≈≈ → 1. 高怠速 2. 低怠速 状态提示： OK 确定 NO 取消 ↑↓ 选择功能	方法： 查看低怠速和高怠速数据
19. 查看高怠速数据	车牌号码： 高怠速数据 ≈≈≈≈≈≈≈≈≈ CO : 0.02 % CO₂ : 0.11 % HC : 54 PPm NO : 30 PPm O₂ : 21.29 % λ : 3.11 油温 : 3.70 ℃ 转速 : 0 rpm 状态提示： ←打印 NO退出 ↑保存	方法： 选择高怠速并查看测量结果，记录数据
20. 查看低怠速数据	车牌号码： 低怠速数据 ≈≈≈≈≈≈≈≈≈ CO : 0.25 % CO₂ : 4.19 % HC : 78 PPm NO : 25 PPm O₂ : 21.16 % λ : 3.11 油温 : 3.70 ℃ 转速 : 0 rpm 状态提示： ←打印 NO退出 ↑保存	方法： 选择低怠速并查看测量结果，记录数据

续表

操作步骤	示意图	备注
21. 检测完毕取出取样探头		方法： 将取样探头从排气管内取出并朝下放置 注意事项： 在将探头未取出时不要将发动机熄火
22. 关闭仪器		方法： 让它吸入新鲜空气工作 5 min，待仪器回到零位后，退出并关闭电源

考核项目

1. 考核要求

(1) 文明、规范地操作，检测工具运用方法正确；

(2) 能正确检测出汽车尾气，并判断出是否超标。

2. 考核评定

汽油机尾气检测考核评分表

编号			姓名			工位		
序号	考核内容	配分	评分标准		考核记录		扣分	得分
1	使用尾气分析仪检测汽车的尾气排放	10	使用错误扣 10 分					
			个别使用不当，酌情扣分					
2	根据测量结果，分析排放标准的故障原因	30	检查方法错误扣 10 分					
			检查程序错误扣 10 分					
			检查结果错误扣 10 分					
3	明确发动机排放标准的故障原因(口述)	10	不能确定故障部位扣 10 分					

续表

序号	考核内容	配分	评分标准	考核记录	扣分	得分
4	排除发动机排放超标的故障	20	不能排除故障扣20分			
5	验证排除故障后尾气的排放是否达标	10	不进行验证扣5分			
6	整理工具、清理场地	10	每项扣2分，扣完为止			
	安全生产方面		因违规操作，发生重大人身和设备事故，本考核项目记0分			
7	操作时间	10	操作时间为30 min，超时1 min扣2分			
8	分数合计	100	总得分			

评分人：   年   月   日

知识链接

若使用双怠速试验方法，将发动机由怠速工况加速至70%的额定转速，维持60 s后需降至高怠速状态(50%额定转速)，将尾气分析仪的取样探头插入排气管中，深度为400 mm，并固定在排气管上。发动机在高怠速状态维持15 s后开始读数，读取30 s内的最高值和最低值，平均值即为其高怠速排放结果。紧接着，将发动机从高怠速降至怠速，在怠速状态维持15 s后开始读数，读取30 s内的最高值和最低值，平均值即为其怠速排放结果。

车辆类型	怠速		高怠速	
	$c(CO)/\%$	$c(HC)/10^{-6}$ [1]	$c(CO)/\%$	$c(HC)/10^{-6}$ [1]
2001年1月1日以后上牌照的 M_1 [2] 类车辆	0.8	150	0.3	100
2002年1月1日以后上牌照的 N_1 [3] 类车辆	1.0	200	0.5	150

注：[1]HC浓度按正乙烷当值计算；

[2]M_1指车辆设计乘员数(含驾驶员)不超过6人，且车辆的最大总质量不超过2500 kg；

[3]N_1还包括设计乘员数(含驾驶员)不超过6人，或车辆的最大总质量不超过2500 kg，但不超过3500 kg的M类车辆。

检测数据表

怠速

项目	1	2	平均值	是否超标
$c(CO)$				
$c(HC)$				

高怠速

项目	1	2	平均值	是否超标
$c(CO)$				
$c(HC)$				

故障原因：

CO 超标故障原因：空气滤清器堵塞或脏污，氧传感器、空气流量计或压力传感器故障；

HC 超标故障原因：个别缸不点火、水温传感器、进气温度传感器有问题、喷油嘴滴漏、回油管堵、燃油压力调节阀皮膜破裂。

项目二十二　ABS 故障检测

项目说明

采用 K81 解码器对大众 ABS 系统进行检测。

【学习目标】

1. 掌握解码器的使用方法；

2. 熟悉 ABS 的基本结构与工作原理；

3. 熟悉 ABS 系统常见故障的诊断方法；

4. 了解 ABS 系统的基本数据。

【项目内容】

1. 所需设备及工、量具；

2. 操作步骤。

一、所需设备及工、量具

名称	示意图	备注
设备		ABS 实验台一台
工、量具		K81 解码器、钢尺、万用表

二、操作步骤

操作步骤	示意图	备注
1.检查制动液		方法： 1.制动液液位不得低于 MIN 标记，不得高于 MAX 标记； 2.检查制动液是否泄漏
2.检查实验台仪表		方法： 1.制动时制动灯 M9 与 M10 亮； 2.当 ABS 出现故障时，ABS 故障灯常亮； 3.系统正常的工作电压应大于10 V
3.连接解码器		注意事项： 选择合适的插头，OBDII 插头需对准插座，注意正反。需在钥匙关闭的情况下连接
4.进入制动防抱死系统		方法： 1.打开解码器； 2.选择"汽车诊断"； 3.选择"故障测试"； 4.选择"中国车系"； 5.选择"按车型"； 6.选择"奥迪大众"； 7.选择"防抱死制动"

续表

操作步骤	示意图	备注
5. 读取故障码		方法： 1. 选择"清除故障码"； 2. 选择"读取故障码" 说明： 根据故障码对故障部位进行深入检查，确定故障部位和故障原因
6. 检测车轮转速传感器与齿圈之间的间隙		方法： 用直尺检测轮速传感器与齿圈之间的间隙 注意事项： 1. 前轮的间隙应在 1.1 ~ 1.97 mm 之间；后轮的间隙应在 0.42 ~ 0.80 mm 之间； 2. 若齿圈被赃物堵塞应该及时清除； 3. 检测车轮摆动是否异常
7. 检测车轮转速传感器的电阻（一）		方法： 用万用表电阻挡在试验台上检测，其正常的电阻应该是 1.0 ~ 1.5 kΩ
8. 检测车轮转速传感器的电阻（二）		方法： 用万用表在轮速传感器上检测，若电阻正常，则要检查 ABS 电控单元

续表

操作步骤	示意图	备注
9. 检查 ABS 电控单元 25 脚插头	 17号脚　25号脚 10号脚 1号脚　9号脚 16号脚	注意事项： 若有氧化腐蚀或者断脚，应进行更换
10. 检测 1 号脚与 17 号脚之间的电阻		说明： 如电阻符合要求，说明电控单元与轮速传感器的连线正常，故障出在 ECU；反之则线路有问题
11. 其他常见故障(一)电磁阀		方法： 1.用万用表测量 8 号脚与 9 号脚之间的电压，即 ABS 电磁阀保险丝的供电电压，其正常值应为 9.5～16.5 V； 2.测量 8 号脚与 9 号脚之间的电阻，即 ABS 电磁阀的电阻，正常阻值应该很小
12. 其他常见故障(二)液压泵		方法： 1.用万用表测量 24 号脚与 25 号脚之间的电压，即 ABS 液压泵的保险丝供电电压，其正常值应为 9.5～16.5 V； 2.若检查值正常，应检查 ABS 控制单元是否损坏

续表

操作步骤	示意图	备注
13. 在排除故障后复检		方法： 排除故障且用解码器清除故障，重新启动机器后踩下制动，目测仪表显示是否正常，包括制动液液压、制动灯显示、ABS 故障灯应自检后熄灭

考核项目

1. 考核要求

(1) 掌握解码器的使用方法；

(2) 熟悉 ABS 的基本结构与工作原理；

(3) 熟悉 ABS 系统常见故障的诊断方法；

(4) 了解 ABS 系统的基本数据。

2. 考核评定

ABS 故障检测考核评分表

编号		姓名			工位		
序号	考核内容	配分	评分标准	考核记录	扣分	得分
1	正确使用工具、仪表	10	工具使用错误扣 5 分			
			仪表使用错误扣 5 分			
2	ABS 系统的检查	30	未完成初步检查扣 10 分			
			不会进行故障分析扣 10 分			
			不会使用解码器扣 10 分			
3	读码和清码	10	不能正确读出故障码扣 5 分			
			不能按要求清除故障码扣 5 分			
4	轮速传感器的检查与调整	20	不会检查扣 10 分			
			调整结果错误酌情扣分			

续表

序号	考核内容	配分	评分标准	考核记录	扣分	得分
5	ABS 控制单元的检查	10	不会检查扣 10 分			
			调整结果错误酌情扣分			
6	操作规范、整洁有序	10	每错一处扣 2 分，扣完为止			
	遵守安全操作规程，无人身、设备事故		因操作不当，发生重大事故，本考核项目记 0 分			
7	操作时间	10	要求 20 min 内完成，超出 1 min 扣 2 分			
8	分数合计	100	总得分			

评分人：　　　　　　　　　　　　　　　　　　　　　　年　　月　　日

参考文献

[1] 倪爱勤.汽车电气[M].北京：机械工业出版社，2011
[2] 陈开考.汽车构造与拆装(上)[M].北京：机械工业出版社，2011